柿園　聖三

祭りと神話と社から
"聞こえる・見える"

東京図書出版

まえがき

　佐倉市に移り住んだ当初、まず驚いたことは"秋の例大祭"で神輿を担ぐ人々や山車を引っ張る子供や大人たちから一斉に発せられる掛け声でした。東京に住んでいた当時には聞いたことのないほどリズミカルで不思議な抑揚の言葉が耳に飛び込んできたのです。
「エッサのコラサのエッサッサー」・「エッサ、エッサ、エッサッサー」です。

　こんな長い節回しの掛け声は聞いたことがありません。私が昔住んでいた界隈では、どの祭りでも**「わっしょい、わっしょい」**だけでしたから、ある意味で新鮮な驚きでした。一体、どういう意味なのだろうかと思いつつ、仕事に追われ、余裕のないまま長い時間が経過してしまいました。

　定年後、その問題を解明したくなり、まずは佐倉市やその近辺の市や町に比較的まとまって鎮座している麻賀多神社や多くの神社を参拝しつつ、何かヒントはないものかと歩き回ったものでした。市内の資料館などに居られる年配の方々に聞いても、「よくわからん」というのが実情で、「昔からこういう掛け声でしたよ」という返事はある意味で当然かもしれません。どこの地域でも同じでしょう。「爺さん婆さんの頃から代々こんな掛け声だよ」と言われれば、それ以上追求はできません。ですから、自力で取り組まねばならない意外に難しいテーマであることに間違いありません。柳田国男や折口信夫の民俗学とまではいかなくとも、少しでもヒントがえられればという心境で取り組むことにしました。

　各地の祭りの見学や、祭りに関係する神社などの参拝を繰り返しているうちに、記紀に出現する神々の性格などが、徐々に整理されてきました。神社に因む古典や人物と巡り合うきっかけともなりました。

　当然神道の学習に加えて、記紀や古典などを読み進めていくうちに、

「祭りの掛け声」などを重点的にまとめた書物なども見当たらないことから、今回、特に「エッサ」の解釈を中心に、自分なりのささやかな試論を世に問うことにしました。同時に、日本の神々の系図をできるだけわかりやすく整理しながら、古典に見える神社なども含め、神社に縁のある人々の人生の軌跡や人間模様を追跡した結果を集約したものです。

　なおこの本を執筆するにあたり、聖書に関連する事項を所々で取り上げています。その際、種々の資料等の御教示をいただいた友人の山口達明氏及び牧師の関根一夫氏に深く感謝の意を表したいと思います。

　また本書を出版するにあたって、迅速で的確かつ行き届いた校正と共に、親身な対応を続けて頂いた東京図書出版編集部の方々に心から感謝する次第です。

目次

まえがき I

第一章 祭りの「掛け声」を拾う

「エッサ、エッサ」はヘブライ語起源か 7

1. 祭りの意義 9
2. 京都祇園祭の「エッサ」 12
3. 佐倉の秋祭り「エッサのコラサのエッサッサー」... 14
4. 「エッサ、エッサ」はヘブライ語起源か 16
   ① 「わっしょい」について 16
   ② 「エッサ、エッサ」について 17
   ③ 「エッサ、エッサ」の語源を考察する 19
   ④ その他の掛け声 21
      付表 25

第二章 記紀の神々の系図・再構築

"神々はそんなには多くない" 33

1. 記紀の神々を統一的に整理する 37
2. イザナギとイザナミの関与する神々の系図 48
   ① 火の神：火之迦具土神について 48
   ② 山の神：大山津見神について 49
   ③ 海の神：大綿津見神について 50
   ④ イザナミの神より単独に生まれた神々 53
   ⑤ 禊で生まれた神々 54
   ⑥ 天照大御神とスサノオの誓約から生まれた神々 ... 55
   ⑦ 須佐之男命のその後 57

第三章 近親婚（血族婚）の系譜
　　― 神話の世界から現代まで ― 67

1. 『ギリシア神話』に見る「近親婚」の系譜 71
2. 『旧約聖書』に見る「近親婚」の事例 74
3. 『古事記』等に見る「近親婚」の事例 79
　①同母兄妹婚 79
　②異母兄妹婚 81
　　㈤ 仁徳天皇の系図に見える例
　　㈥ 敏達天皇・推古天皇・用明天皇の系図に見
　　　　える例
　　㈦ 桓武天皇の系図に見える例
　③オジ＝姪：オバ＝甥の結婚 84
4. エジプト神話と古代王朝期に見る近親婚の事例 ... 87
5. スペイン・ハプスブルク家の悲劇 93
6. 南方熊楠「月下氷人」に見る近親婚の事例 95
7. 島崎藤村『新生』に見る「叔父と姪」の関係 98
8. 「いとこ婚」の功罪 100
　①ダーウィンの家系 100
　②伊藤左千夫の家系 103

第四章 罪意識の底流 107
　　◎宗教から見えるもの 109
1. 神　　道 111
2. 神道における罪の概念：「天津罪」と「国津罪」... 114
3. 「穢れ」と「禊」と「祓え」 116
4. 『旧約聖書』にある「穢れや祓え」との比較 119
5. 神道の歴史の流れ 121
6. 仏教と「罪」の概念 125
　①仏教の基本的考え方 125

②仏教における「罪（ざい）」 128

7．道教における「罪」 132

8．聖書に見える「罪意識」の構造 135

①『旧約聖書』における「罪」の多様性 135

②『新約聖書』における「罪」の概念 143

9．イスラームにおける罪の意識 146

○クルアーンに書かれている罪 148

第五章 古典にゆかりの古社・参拝

（『方丈記』・『徒然草』・『枕草子』・『とはずがたり』・『土佐日記』から）.....153

1．神主になれなかった「鴨長明」 157

2．下鴨神社と河合神社を訪ねる 161

　　コラム　小辻誠祐（節三）という人 166

3．『徒然草』から見えてくる「兼好法師」の実像 ...168

　　石清水八幡宮

　　出雲大神宮

4．『枕草子』と古社 175

　　○『枕草子』と清少納言 175

　　大原野神社

　　松尾大社

　　伏見稲荷大社

5．『とはずがたり』と古社 184

　　○『とはずがたり』と二条 184

　　藤森神社

6．『土佐日記』における寺社 188

　　潮明寺と新羅（しんら）神社

第六章　小泉八雲・南方熊楠・宮沢賢治と神社
　― 出雲大社・闘鶏神社・胡四王神社等を訪ねる ― 193

1. 小泉八雲における神道と神社 197
   ①小泉八雲という人 197
   ②出雲大社と小泉八雲 198
   ③美保神社と小泉八雲 200
   ④八重垣神社と小泉八雲 202
2. 南方熊楠の世界とその周辺 204
   ①南方熊楠という人 204
   ②南方熊楠の孤軍奮闘：神社合祀反対運動 206
   ③英訳『方丈記』と南方熊楠 209
   ④藤白神社と南方熊楠 214
   ⑤闘鶏神社と南方熊楠 215
3. 宮沢賢治の世界とその周辺 218
   ①宮沢賢治という人 218
   ②宮沢賢治と菜食主義 219
   ③宮沢賢治と宗教 221
   ④宮沢賢治と外国語 223
   ⑤心象スケッチの絵具としての科学用語 225
   ⑥胡四王神社（花巻）と宮沢賢治 228
   ⑦岩手山神社（滝沢村柳沢）と宮沢賢治 231

　あとがき 234

第一章

祭りの「掛け声」を拾う

「エッサ、エッサ」はヘブライ語起源か

(祇園御霊会　神輿渡御：京都市立芸術大学・学術資料館所蔵)

貞観十一年（869）に始まった京都の「祇園御霊会」[20]は、現在でも祇園系の祭りとして全国的な広がりを見せている。関東地方の各地で行われる祇園祭りでも、時に「エッサ、エッサ」の掛け声が聞こえてくるのは興味深い。

1．祭りの意義

　日本人は大昔から大自然や先祖の営み、生命などに対して素直に畏敬の念や感謝の気持ちを持ち続けていたことは確かだと思う。昭和の年代にはどこの家にも神棚があったような気がするが、最近の若い世代の家庭では、神棚も仏壇も置かない家が増えているのではないだろうか。我々が、「今ここに居る」ということは、過去があるということであり、それぞれに歴史が横たわっているのであり、孤立して存在しているわけではない。その起源を古代まで遡れば夥しい数の先祖がそこに横たわっていることになる。自然や祖先などに対する畏敬の念や尊敬、感謝の気持ちを持つことが日本人の根源的な精神であるとすれば、最近の一部の日本人の行動や考え方はかなりずれてきているのではないかと思う。身近に日々起こっている様々な社会現象を見るにつけ、物質中心の生活態度の影響からか、人心が限りなく荒廃しつつあるとしか思えない事件が増えている。精神が空洞化しつつあるのは、なにも日本ばかりではなく、地球全体もそのような殺伐な方向に向かっているのではないかと気がかりである。

　限られた様々な資源を奪い合う世界経済は、マネーゲーム化し自己の利益の最大化を求めて動きまわる怪物のように巨大化しており、自らの限界を忘れてしまっている。地球全体が危険な領域に足を踏み入れており、一刻も早くこの事態を脱却する方策を考えねばならない時期にきていると思う。最近の地球環境の変化を見ても明らかなように、気温の上昇とともに、世界のいたるところで洪水が起こり、旱魃による火災も増加していて、地震や火山活動も激しくなりそうな気配である。温暖化による弊害が世界各地で顕在化しており、人口増加と化石エネルギーの消費にも歯止めはかかっていない。今まで経験したことのない厄介な伝染病の増加も油断がならない。様々な生物種の絶滅危機も気がかりである。

あらゆる物に神性を認めるアニミズム的な心、自然を恐れ、自然に感謝する気持ちをどこかに置き忘れてはいないだろうか。我々人類は自然のサイクルの一部に過ぎないのに、自然をすべて自分の意のままに征服しようとする欧米キリスト教を中心とする世界観は、もはや限界に来ていることを認識する必要がある。もともと、地球という狭い閉鎖系の中では、物質的、知的な進歩にも限界があると考えるべきである。地球全体の資源と同様、科学技術の進歩にも限界があるのだ。科学技術は無限に進歩するかのような楽観論は、もはや許されない。科学技術の進歩には大きな副作用を伴う。副作用を完全に除去することは現実的に不可能であるので、できるだけ負の部分を最小限に抑制する努力をするしかない。

　経済の基礎は消費であるとし、多大な消費が大量の無駄を生じさせている現実を見逃すわけにはいかない。世界的に、少数の人々に富が集中しつつある反面、最低限の生活さえも維持できずに苦しんでいる貧困層が、日本ばかりでなく世界中に増加しつつある。国際非政府組織・オックスファム（2017年1月16日）によると、世界の大富豪8人の総資産が、世界の貧困層（約36億人）の合計額にほぼ匹敵するという。更に、2009年以後、富裕層の収入が年11%の割合で増加しているのに反して、多くの労働者の収入は伸び悩んでいるとの指摘もある。この極端な格差社会となっている世界の現状を見逃すわけにはいかないではないか。

　どのような経済・社会システムを構築すべきか、世界全体で知恵を出し合わねばならないだろう。最低賃金制は決まっていても、最高賃金制は決められていない。今や、資本主義経済も物質中心的な生活様式も限界に達していると見るべきである。システムの問題と人々の生き方（心）の問題が関わってくるし、生活習慣も努力して変えていく必要に迫られている。現状を乗り越えるためには政治家ばかりでなく、すべての人々が知恵を出し、真剣に取り組まねばならない状況にきていると思う。宮沢賢治の根本精神「利他主義」が、一つのヒントになるかもしれない。

　心の問題としては、日本古来の伝統の中にそのヒントが隠されている

第一章　祭りの「掛け声」を拾う

かもしれない。日本人が祭りに情熱を捧げる気持ち、自然を恐れ、自然を敬う、その古代からの素直な気持ちを想起してみよう。御来光に自然に手を合わせ、頭を垂れるあの気持ちは誰にでもあると思う。普段、神社に「神」は居られない。神社の本殿の中には特別なものは何もない。確かに、由緒ある神社には鏡や剣、勾玉のような御神体はあるが、そこに神がいるわけではない。神が降りる場と考えられているものであって偶像でもない。古い神社などでは、本殿も拝殿もなく、神社の背後の山や岩を御神体としている所もある。自然そのものに神（霊）性を認めているので、特に形にこだわる必要も、偶像を作る必要もなく、地域の人々が時に応じて集まる杜（森）に、その依代として神社を作ったのかもしれない。

　春夏秋冬、各地には、古来さまざまな祭りが行われている。自然の営みは神の営みであり、その神に感謝し、神にお願いするために、供物を捧げ、その到来を「待つ」とか「奉る」とかの言葉から、「祭（マツ）り」は由来するものとされている。神社の拝殿で鈴を鳴らしたりするのも、「私はここにおります」と神の到来を期待するものと言われている。祭りには、神輿や山車が付きものであるが、この時に人々が発する掛け声こそ、神々を招来する上で非常に重要な作業の一つと私は考える。無言ではダメである。言葉（言霊）を発しなければ、神々を招くことはできない。

　佐倉市の秋祭りで「**エッサのコラサのエッサッサー**」を手始めとして、祭りの掛け声に魅了されて以来、各地で行われる祭りが気に掛かり、その言霊を集めたものを以下に紹介したい。「祭りの掛け声」を多数集めて議論している書物に出会ったことがないからである。

　地域によっては、その掛け声に規則性とか偏りがあるかと期待したが、交通手段の発達した現代では人々の交流も激しく、地元で人が集まらず、神輿の担ぎ手を各地から雇ってくることもあるので、掛け声も全国的に均一化している傾向にあると思う。

2. 京都祇園祭の「エッサ」

　祇園祭は、京都の八坂神社の祭りで、東京の神田祭り、大阪の天神祭りと並んで日本三大祭の一つに数えられるが、同じく京都の下鴨神社や上賀茂神社の**葵祭り**や平安神宮の**時代祭り**と並んで京都三大祭りの一つでもある。また、毎年内外100万人を超える観光客で賑う世界的な祭りでもある。この八坂神社は、スサノオ尊を祭神とする全国関連神社の本社で、明治の神仏分離令（慶応4〈1868〉年）以前は「祇園社」「祇園感神院」と呼ばれていた。創建は明らかではないが、第37代斉明天皇2（656）年に高麗より来朝したという伊利之使主（イリシオミ）が新羅の牛頭山のスサノオ尊を八坂郷に祀ったと伝えられている。釈迦の生誕地に因むインドの祇園精舎の守護神ともされる「牛頭天王」と同神とされていた。祇園祭は、明治時代までは「祇園御霊会（御霊会）」と呼ばれており、平安京に遷都して以来、人口の増加とともに伝染病が猛威を振るったという言い伝えも残っている。多数の死者を出した場合も、現代とは異なり何の治療法も予防手段もない時代であったため、何かの祟り

と考えて悪霊を鎮めるための手段が必要だった。それが、御霊信仰であり、その鎮魂の行事が御霊会となったと言われる。御霊信仰はすでに奈良時代から始まったと言われており、厄神のもたらす災いを鎮めるのが祭りである。この1100年を超える古式豊かな祭りでは、7月いっぱい種々の行事が行われるが、7月16日に始まる山鉾巡行は、重要な先行行事であり、界隈の厄神を追い出すための掃除役ともいえる。鉾は大型の山車のようなものであるが、二階建ての屋根の上にアンテナのような真木（シンギ）といわれる細い柱がそびえており、地上から25ｍくらいの高さに達すると言

第一章　祭りの「掛け声」を拾う

われる（前頁写真）。

　毎年「長刀（ナギナタ）鉾」が先頭で動き出すことに決まっている。鉾の前後左右に飾られている、前掛けや胴掛けといわれる煌びやかで豪奢なタペストリーは、ヨーロッパ、中東ペルシャ、インド、中国、朝鮮、日本などの故事、伝説、神話などを織り込んだもので、動く美術館とも言われるほど豪華で見ごたえがある。遠くからでも極めてよく目立つ。因みに、この山鉾の曳き手は地元の人々が主体であるが、一部ボランティアを募集すると、希望者が殺到するそうである。山という出し物は、小型の山車のようでもあるが、神輿のように時々担ぐ場合がある。隠れて見えにくいが、小さい車輪が付いており、多くの場合、皆で押して動かしている。一旦、担ぐ時の掛け声は「わっしょい」であった。「ヨーイトネ」、「ドスコイ」という声も聞こえた。しかしながら、鉾を引く人々から発せられる掛け声のようなものは全く聞こえなかった。実際、鉾を引く先頭の人に「掛け声のようなものはないのか」と尋ねたが、怪訝な顔をされただけであった。鉾は笛や太鼓などのお囃子だけのようだ。興味深いことには、長刀鉾の場合、刃先は決して御所や八坂神社の方角に向かないように注意するそうである。

　なんと言っても、ハイライトは、7月17日の夕刻4時半頃から始まる、神社の中心行事である神幸祭である。三基の大神輿（中御座、東御座、西御座）が、四条寺町のお旅所へ向かう前に、神社内で行うウォーミングアップの掛け声はすばらしかった。舞殿から出された三基の神輿が、それぞれ順番に舞殿の周りを3回ずつ回る時の掛け声が腹に響くほどの強いインパクトを与えた。

　しかもその掛け声からは、「**エッサ、エッサ**」「**エッサ、ホイサ**」という二種類の掛け声が聞こえてきたのだ。私は、耳を疑った。「**エッサ**」が祭りの本場から聞こえてきたからであり、佐倉市の秋祭りよりも、はるかに長い歴史がある祇園祭の掛け声は注目に値する。

　この「**エッサ**」の意味については、後ほど議論することとして、本書の原点である地元の佐倉市の祭りを次に紹介したいと思う。

13

3. 佐倉の秋祭り「エッサのコラサのエッサッサー」

　麻賀多（マカタ）神社は、佐倉市（12社）を中心に成田市や酒々井町、富里町など印旛沼の東側と南側に偏在している。麻賀多大明神と言われる社は成田市の台方にあり、その奥宮が船方にある。創建年代は明らかではないが、社伝によれば第15代応神天皇の頃、伊都許利命が印旛の国造に任命されて来た折に、稚産霊（ワクムスビ）命を祀ったといわれる。『延喜式神名帳』にも記載されている古社で、官幣小社である。因みに、先に紹介した八坂神社は、長らく興福寺の支配下にあったためか、官幣中社とされたのが明治4年で、官幣大社と認定されたのが、大正4年のことなのである。

　印旛沼を囲む、この地域はもともと無数の潟（カタ）に囲まれており、本社付近まで浅い入り江が迫っていたのである。その意味で、マカタは「真潟」に由来すると言われれば、合点がいく。

　稚産霊命という祭神の名は、『日本書記』に記載されている名称で『古事記』では「和久産巣日命」となっており、農耕神であり、親神はイザナギ命に切り殺された迦具土命（カグツチノミコト）になっている。

　祭りは、佐倉市の宮小路町にある麻賀多神社を中心とする秋祭りが元気で賑やかである。佐倉の秋祭りが記録に登場するのは、享保時代の文献『古今佐倉真佐子』と言われ、大神輿の渡御や鉾、山車、屋台などが運行されていたようである。約330年前から始まった祭りで、そんなに古いものではないが、江戸情緒が感じられる山車人形や佐倉囃子など興味深い見所は沢山ある。

　中でも驚くのは、その掛け声である。山車の曳き手も神輿の担ぎ手も皆同じ掛け声「**エッサのコラサのエッサッサー**」を発するのが面白い。町中この掛け声が響き渡るのが妙に愉快である。日本の各地の祭りで、このような掛け声は聞こえてこないし、実際聞いたことがないと思う。

第一章 祭りの「掛け声」を拾う

東京神田の祭りは有名だが、掛け声はいたって単純で、「わっしょい」や「ソイヤー、ソイヤー」などである。

　佐倉市のお隣にある成田市（新勝寺）の祇園祭も、かなり元気で勢いが感じられる祭りである。各町内の山車が通るたびに、聞こえる掛け声は多種多様で面白い。

　例えば、「わっしょい」、「ソイヤー」のほかに「コーリャ」、「ホイサ」、「エッサ、ホイサ」、「エッサ、エッサ」、「オーリャ、エンリャ」と非常に多彩である。日本中の掛け声を全部かき集めたかのようである。そこで、「エッサ」や「わっしょい」などの掛け声の意味について、次節では考えてみたいと思う。

15

4．「エッサ、エッサ」はヘブライ語起源か

　私は東京の生まれではあるが、江戸っ子ではない。小学生の頃、町内の祭りで神輿を何回か担いだ経験はあるが、掛け声は「わっしょい」しか知らなかった。佐倉市に引っ越してきて初めて知ったのが**エッサのコラサのエッサッサー**であった。妙に面白い節回しとリズムで、山車を引きながら、神輿を担ぎながらの掛け声に魅せられてしまった。資料館などで、地元の長老の方々に尋ねてもはっきりした回答はえられなかった。「昔からそうだった」と言われれば、それ以上聞き出すことはできない。「どれくらい昔からそうだったのか」と突っ込んでも、「爺さんの頃からだったかな」くらいで終わってしまう。聞き取り調査には限界があるし、掛け声などというものは口から口への伝承であるため、記録には残らないので仕方がない。

　そこで日本各地の祭りから、どんな掛け声が使われているのかを落穂拾いのように集めてみることにした。断片的な資料は、若干手に入るので、それらを参考にまとめてみた。全国の祭りをすべて巡るのは現実として不可能であり、**YouTube**なども参考にした。

①「わっしょい」について

『広辞苑』などの辞書類を調べてみても、「重い物を担ぐ時の掛け声」程度の説明しか載っていない。祭りに関する解説書などには、「和上同慶」とか「和一緒（処）」、「和（輪）を背負う」、「和し背負え」とかいう解釈が載っている。「仲良く担げ」という意味のようだ。また、最近では否定されている解釈として、ハングル語の「ワッソ」（着きました、来ました）という意味を提唱した人がいたが、ハングルの歴史からみても無理のようである。

「わっしょい」という掛け声がいつの時代から使用されていたのかは不

明であり、日本と同じような祭りが古くから朝鮮にあったということも聞かない。一方、最近タミル語の「奉納」を意味する「Wassh-oi（Pacc-ai）」という新説を大野晋氏が提案されているが、どうもあまりピンとこない気がする。

面白いことに、「わっしょい」の英訳は、「*heave-ho*」になっており、これは文字のごとく、「努力して持ち上げる」という意味なので非常にわかりやすいが、次に出てくる「エッサ」と全く同じ意味になってくる。日本の祭りでこの掛け声を発しても、全く力が入らない気がする。日本の風土では、やはり「わっしょい」や「エッサ」が似合う。

ところで、北原白秋の童謡で「わっしょい、わっしょい」が多数出てくる、雰囲気のよく出た作品（『赤い鳥』大正7年10月）が知られている。結構長い詩で8番まで続くが、祭りの様子が巧みに描写されているので、その前半部を紹介しておきたい。

> わっしょい、わっしょい、
> わっしょい、わっしょい。
> 祭だ、祭だ。
> 背中に花笠、胸には腹掛、
> 向う鉢巻、そろいの半被（ハッピ）で
> わっしょい、わっしょい。

> わっしょい、わっしょい、
> わっしょい、わっしょい。
> 神輿だ、神輿だ。神輿のお練だ。
> 山椒は粒でも、ピリッと辛いぞ。
> これでも勇みの山王の氏子だ。
> わっしょい、わっしょい。

> わっしょい、わっしょい、
> わっしょい、わっしょい。
> 真赤だ、真っ赤だ。夕焼小焼だ。
> しっかり担いだ。明日も天気だ。
> そら揉め、揉め、揉め、
> わっしょい、わっしょい。

> わっしょい、わっしょい、
> わっしょい、わっしょい。
> 俺らの神輿だ、死んでも離すな。
> 泣虫ゃすっ飛べ。差上げて廻した。
> 揉め、揉め、揉め、揉め。
> わっしょい、わっしょい。

②「エッサ、エッサ」について

祭りの掛け声で「わっしょい」と同じくらいに、よく聞こえてくる掛け声であるが、どうも日本語で解釈しにくい掛け声である。その割に

は、祭りの掛け声ばかりでなく、民謡や童謡の歌詞にも時々使われている。例えば、『お猿のかごや』の歌詞に「エッサ、エッサ、エッサホイ、サッサ」という言葉が使われているのは、かなりの方がご存知のことと思う。

　また、あまり知られていないようであるが、「エッサ」が沢山出てくる北原白秋作詞の可愛い作品に『兎の電報』という童謡もあるので、併せて紹介したい。

　その後で、「エッサ」の意味について考えてみたい。

　念のため、『お猿のかごや』（山上武夫作詞・海沼實作曲）の一番目の歌詞だけ以下に紹介したい。お猿のかごやが、山道を元気いっぱいに掛けていく姿が目に浮かぶ。

　下に表示した『兎の電報』（北原白秋作詞）にも、沢山の「エッサ」が登場してくるのがとても面白い。大正8（1919）年に『赤い鳥』10月号に発表されている。興味深いことに、作曲者として「佐々木すぐる」と、漱石夫人「夏目鏡子」の二人が前後して登場している。

　どちらも、とても可愛い曲であるのに、あまり世間に知られていないのは残念である。北原白秋の歌詞（1番のみ）には「エッサッサ」が9回も登場するし、山上武夫の歌詞（4番まで）の方には「エッサ」が

> エッサ　エッサ　エッサホイ　サッサ
> お猿のかごやだ　ホイサッサ
> 日暮の山道　細い道
> 小田原提灯　ぶら下げて
> ソレヤットコ　ドッコイ　ホイサッサ
> ホーイ　ホイホイ　ホイサッサ

> エッサッサ　エッサッサ　ぴょんぴょこ兎が　エッサッサ
> 郵便配達　エッサッサ　とうきびばたけを　エッサッサ
> ひまわり垣根を　エッサッサ
> 両手をふりふり　エッサッサ
> わき目もふらずに　エッサッサ
> 電報　電報　エッサッサ

全部で12回出現する。白秋の歌詞の内容からは、兎が一生懸命飛び跳ねながら電報を運ぶ様子がとても楽しげである。『お猿のかごや』の方では、明らかに「かごを担ぐ」様子が描写されている。「佐々木すぐる」の曲は、『日本童謡全集』(三瓶政一郎編、音楽之友社、昭和58年) に出ている。また、夏目鏡子の作品は、『日本童謡唱歌全集』(足羽章編、ドレミ楽譜出版社、1984年) などに伴奏付きで紹介されている。作曲の年代は「佐々木すぐる」の作品は大正12年頃と言われているが、確かではない。一方、夏目鏡子の場合も、昭和に入ってからの作曲のようであるが、やはり明確な作曲年は明らかではない。夏目鏡子の作品は、インターネットを開けば「**YouTube**」で聞くことができる可愛らしい小品である。

③「エッサ、エッサ」の語源を考察する

先に紹介した二つの童謡に出現する「エッサ」とか「エッサッサ」の意味は、「担ぐ」とか「運ぶ」という意味に解釈できるが、興味深いことに元駐日イスラエル大使のエリ・コーヘン [1] という方が、「エッサ」は「持ち運べ」という意味であると述べている一方、同じイスラエルのヨッシー教授という方も「エッサ」は「担ぎ上げる」という意味であると述べている [2]。

確かに、祭りの神輿を担ぐときの掛け声としては、しっかり当てはまる意味であることは納得できる。同時に、神道の行事の中で、滝で身を清める時や、川や海などでの「禊」などの際に、「エイヤー」「エッサ」などという掛け声を発して気合を入れることがある。

念のため、ヘブライ語の文法書類を丹念に調べていくと、「運ぶ」とか「力を入れて持ち上げる」という意味の単語の原型に「ナサー」(נשא) という単語があり、その未来形に「エッサ」(אשא) があった。ヘブライ語の動詞の未来形には命令的な用法もあるので納得できる。更に、直接の命令形として「サー」(שא) という単語が確かに存在するこ

とも確認できた。

　読者はよくご存知のように、卓球の福原愛さんが、試合中にしきりと気合を入れながら発する掛け声をテレビなどで耳にしたことがあると思う。あの「サー、サー」という短い掛け声を。

　この「サー」には、「進め」とか「前進しろ」とかいう意味があり、まさしく自分を励ましている掛け声のように聞こえる。現在のイスラエルでも交通整理の警官が、もたもたしている通行人には「サー、サー」という掛け声で通行を促すことがあるそうである。

　子供用の絵本：*Let's Learn Hebrew Picture Dictionary*（McGraw-Hill 社、1994年）の中に、交通信号が青の時のサインは、「サー」（שׂא）と書かれており、その英訳でも（**go**）となっていて、まさしく「進め」という意味である。日本でも、もたもた仕事をしていると、「サッサと片づけろ」という言葉が飛んでくるだろうし、客を案内する際には、「サーどうぞ、どうぞこちらへ」とか、また食事を勧めるときに「サーサー遠慮なく召し上がれ」という会話も時に耳にするであろう。「サッサ」も「サー」ももともと相手の行動を促す点で同じ意味に使われていると思う。いつ頃から、このような掛け声が使われてきたのだろうか。音声に関する記録やヒントになる資料は無さそうに思えたが、意外にも『古事記（中）』（次田真幸訳注、講談社）の仲哀天皇の段で「酒楽（サカクラ）の歌」の中に、神功皇后が御子を祝福するために「御酒」をすすめる興味深い歌があるので原文を引用する。

「この御酒（ミキ）は　我が御酒ならず　酒（クシ）の司（カミ）　常世に坐す　石立たす　少名御神の　神寿（カムホ）き　寿き狂ほし　豊寿き寿き廻（モト）ほし　献（マツ）り来し御酒ぞ　あさず食（オ）せ　<u>ささ</u>」とあるが、最後に酒をすすめる文言「すっかり飲み干したまえ。<u>さあさあ</u>」とあるのを見ればわかるように、上記の「サッサ」や「サー」にも繋がる、一種の「囃子言葉」が、ここに確かに保存されていると考えられるのではないだろうか。『日本書紀（上）』（宇治谷孟、講談社）の神功皇后13年春の段にも、ほぼ同じ内容の文章が記されているが、上

記の歌のすぐ後には、建内宿禰命 (タケノウチスクネ) が、御子に代わって歌った返歌でも「この御酒の　あやに　うた楽し　**ささ**」と酒を更にすすめているではないか。少なくとも８世紀以前にも、このような言葉が日常的に使われていたと想像できるのではないだろうか。

④その他の掛け声

　祭りから聞こえてくる掛け声には、まだ色々ある。例えば、「オーリャ、オーリャ」は、「俺は、俺は」が変化したものとか、「ソイヤー、ソイヤー」は「添えや、添えや」から転じたものとか言われる。「セイヤー、セイヤー」と言う掛け声も似たような響きだが、わっしょい、わっしょいを連続してどんどん発音していくと、反転して「ショイワー、ショイワー」となり、やがて「セイヤー、セイヤー」とも聞こえてくるという説もある。相撲甚句の囃子詞のような「ドスコイ、ドスコイ」も時々聞こえる。また、力を入れたり、弾みをつけて何かをしたりする時の掛け声に「ドッコイショ」という言葉があるが、これに似た「ドッコイ、ドッコイ」もよく耳にする。民謡の囃子詞にも、よく使われている。

　ちょっと変わった掛け声に「チョウサ、チョウサ」や「チョウサジ、チョウサジ」という掛け声もあり、前者はすこし古い表現で「てうさ、てうさ」とも表記されたそうだが、今のところ意味は不明である、これは主に関西方面で使われているようである。重いもの、特に山車を引くときの掛け声として「わっしょい、チョウサヨ　チョウサ」、「チョウサヤ　チョウサ」などと聞こえてくる祭りもある。

　千葉県浦安の三社祭りなどでは、ちょっとユニークな掛け声として「マエダ、マエダ」という掛け声がある。これは、字のごとく、「前だ、前だ」という説と「舞だ、舞だ」が訛ったものだという説があり、判断がつきかねる。

　また、千葉県の匝瑳市八日市場の「八重垣神社祇園祭」は、480年前

からの伝統的祭りと言われているが、神輿（女神輿が特に印象的）の掛け声が面白い。「あんりゃどうした」「あーりゃどうした」というもので、どのような発想で生じたのか不思議である。

　その他意味は明確ではないが、神輿を差し上げる意味での「サセー、サセー」とか、青森ねぶた祭りから聞こえてくる「ラッセーラ、ラッセーラ」という掛け声がある。後者は「良成良」と書いて「良くなる」とか、「（酒を）出せー、出せー」という意味の言葉が徐々に変化して訛っていったものだという解釈もある。四国の剣山の祭り（毎年７月17日）では、神輿を山の頂上目がけて担ぎ上げる時の掛け声は**「六根清浄、六根清浄」**で、仏教徒の氏子が担いでいるのかと一瞬錯覚を覚えるくらい、興味深い言葉で、神仏習合の名残と思われる。

　上記以外にも、まだ意味不明の掛け声がかなり散見されるので、取りあえず全国の祭りの中から聞こえてくる掛け声を、断片的ではあるが拾い集め、更にそれらの祭りや主催神社などを含めて、注目すべきポイントを簡潔にまとめ、本章の最後に整理した。「ひらがな表記」と「カタカナ表記」の二通りの書き方は、単に個人的な判断にすぎない。日本語のように聞こえるものには「ひらがな表記」で示してみただけである。よく耳にする「わっしょい」や「エッサ」という掛け声が特に多く、両横綱であるのは確かであるが、これ以外にも興味深い掛け声は、多々聞こえてくるのである。「あ行」、「さ行」、「は行」、「や行」の掛け声に集中しているのは、喜怒哀楽の表現として、大声を強く発するのには都合が良いのかもしれない。世界の言語のアルファベットの最初の音が、ほとんど「あ」で始まるのは声帯の発声原理からすれば当然かもしれない。

　日本全国には、祇園祭に相当する祭りが2000件以上あり、毎年７～９月に集中している場合が多い。主催神社としては、やはり「素戔嗚尊」を祀る八坂神社が最も多く、更に関連神社として「八雲神社」、「須佐神社」、「須賀神社」、「スサノオ神社」、「八重垣神社」、「氷川神社」、「津島神社」など、祇園系の神社があげられる。「エッサ」という掛け声

が祇園系の神社の祭りから、比較的よく聞こえるという理由は不明だが、検討する価値はありそうだ。

　最後に、各地の祭りから聞こえる「掛け声」別の分類を、以下にまとめたが、自分なりに聞き取ったもので、他の人が聞けば少し異なる「聞きとり」の可能性はあるので、その点はご容赦願いたい。

参考図書

1 ）エリ・コーヘン『驚くほど似ている日本人とユダヤ人』（中経出版、2008）

2 ）坂東誠『古代日本・ユダヤ人渡来伝説』（PHP研究所、2008）

3 ）キリスト聖書塾編集部編『ヘブライ語入門』（日本ヘブライ文化協会、2004）

4 ）柿園聖三『歴史研究』**57** （11）、p. 28–29 （2015）

5 ）大野晋『日本語の源流を求めて』（岩波書店、2007）

6 ）佐倉市史料　第二『古今佐倉真佐子』（1998）

7 ）『日本の祭り（全7巻）』（新日本法規出版、2013）

8 ）宮本卯之助監修『神輿大全』（誠文堂新光社、2011）

9 ）林順信『江戸神輿春秋　春・秋の巻』（大正出版、1983）

10）真弓常忠『祇園信仰』（朱鷺書房、2000）

11）「日本の祭り大全」（『サライ』2012年7月号）

12）歴史探訪倶楽部『初心者でもわかる日本の神々と祭り』（メディアックス、2013）

13）菅田正昭『日本の祭り　知れば知るほど』（実業之日本社、2007）

14）アクロス編『江戸下町神輿』（アクロス、1987）

15）合田一道『日本の奇祭』（青弓社、1996）

16）柳田国男『日本の祭』（角川学芸出版、2013）

17）杉岡幸徳『奇妙な祭り』（角川書店、2007）

18）『京都祇園祭』（DVD）、（関西テレビ放送、2009）

19）『日本の祭り』（DVD）、（キープ株式会社、2014）

20）八坂神社編『八坂神社』（学生社、2007）

第一章　祭りの「掛け声」を拾う

（付表）「祭りの掛け声一覧」(あいうえお順)

掛け声	祭りの名称と場所、主な神社、開催日
「アーカーイ」	豊橋の鬼祭り（愛知県豊橋市）：安久美神戸神明社（2月10〜11日）
「アラエッサッサー」	日和佐「秋祭り」（徳島県海部郡美波町）：八幡神社
「アラヨイトナ」	伊万里トンテントン（佐賀県伊万里市）：伊万里神社（10月22〜24日）
「アンエートン」（アンエットン）	焼津祭り（静岡県焼津市）：焼津神社（8月12〜13日）
「アーヤッサレ」	小倉祇園太鼓（福岡県小倉市）：八坂神社（7月第三金土日）
「イヤサカサ」	石崎奉燈祭（石川県七尾市）：石崎八幡神社、諏訪神社（8月第一金土）
「いやさーのー、よいさよいさ」	岩舟大祭（新潟県村上市）：岩舟神社（10月18〜19日）
「イヤハイッー」	村上大祭（新潟県村上市羽黒町）：西奈弥羽黒神社（7月6〜7日）
「イヤーホエ」	鹿島祭頭祭（茨城県鹿島市）：鹿島神宮（3月9日）
「エッサ」	祇園祭（京都市東山区）：京都八坂神社（7月16〜17日がピーク）、博多祇園山笠（福岡県博多区）：櫛田神社（7月1〜5日）、黒崎祇園山笠（北九州市八幡西区）：岡田宮、春日神社（7月20〜23日）、津屋崎祇園山笠（福岡県福津市津屋崎町）：波折神社（7月20〜21日）、糸田祇園山笠（福岡県田川郡糸田町）：須佐神社（5月第二土日）、成田祇園祭（千葉県成田市）：成田山新勝寺（7月7〜9日）、佐原祇園祭（千葉県佐原市）：八坂神社他（10月10日後の金土日）、六軒厳島神社、水神社祭礼（千葉県印西市）（7月19日）、大原はだか祭り（千葉県いすみ市）：大原八幡神社（9月23〜24日）、秩父夜祭(埼玉県秩父市)：秩父神社（12月2〜3日）、

25

「エッサ」	真壁祇園祭（茨城県桜川市）：五所駒瀧神社（7月26〜28日）、下館祇園祭（茨城県下館市）：羽黒神社（7月29〜31日）、土浦祇園祭（茨城県土浦市）：八坂神社（7月23〜26日）、水街道祇園祭（茨城県常総市）：八坂神社（7月13〜14日）、笠間祇園祭（茨城県笠間市）：八坂神社（8月2〜3日）、伊勢町祇園祭（群馬県中之条市）：伊勢宮（9月第一土日）、伊香保祭り（群馬県渋川市）：伊香保神社（9月19〜20日）、大胡祇園祭（群馬県前橋市大胡町）：八坂神社他（7月最終土日）、近江八幡左義長祭り（滋賀県近江八幡市）：日牟礼八幡宮（3月中旬土日）、大津山王祭り（滋賀県大津市）：日吉大社（1月12〜15日）、遠野祭り（岩手県遠野市）：遠野八幡宮（9月14〜15日）、秋田梵天祭り（秋田県横手市）：旭岡山神社（8月3〜6日）、角館祭り（秋田県仙北市）：薬師堂、神明社（9月7〜9日）、山王祭（東京都千代田区）：日枝神社（9月7〜17日）、神田祭（東京都千代田区神田）：神田明神（5月15日）、熱田祭り（名古屋市熱田区）：熱田神宮（6月5日）、浜崎祇園祭（佐賀県唐津市）：諏訪神社（7月第四土日）、唐津くんち（佐賀県唐津市）：唐津神社（9月9日）、浜崎祇園祭（佐賀県唐津市）：諏訪神社、須賀神社（7月20〜21日）、尾道ベッチャー祭り（福岡県久留米市）：一宮神社（11月1〜3日）、お熊甲（カブト）祭り（石川県七尾市）：熊甲神社（9月20日）、焼津祭り（既出）
「エッサ、ホイサ」	焼津祭り（既出）、中津祇園祭（大分県中津市）：中津神社（7月21〜27日）
「エッサのコラサのエッサッサー」	佐倉市秋祭り（千葉県佐倉市）：麻賀多神社他（10月第二金土日）
「エッサ、コラサ」	鳥栖祇園山笠（佐賀県唐津市）：八坂神社（7月第三土日）
「エッチャホー」	黒石よされ（青森県黒石市）：8月15〜16日
「エンヤ、エンヤ」	唐津くんち（既出）、青柏祭（石川県七尾市）：大地主神社（5月3〜5日）

第一章　祭りの「掛け声」を拾う

「エンヤサー」	松阪祇園祭（三重県松阪市）：八雲神社、松阪神社他（7月19～20日）
「エイヤコーリャー」	河内祭り（和歌山県東牟婁郡古座町）：古座神社（9月24～25日）
「オイサー」	久留米市火祭り（福岡県久留米市）：大善寺玉垂宮（10月14～15日）
「オイター、オイター」	博多祇園山笠（既出）
「オイショ」	浜松祭り（浜松市南区）：（5月3～5日）
「オーンサーンヤレカケロ」	田島祇園祭（福島県南会津郡）：田出宇賀神社、熊野神社（7月22～24日）
「かっちゃい」	伏木曳山祭り（富山県高岡市）：伏木神社（5月15日）
「カーマエロ」	伊万里トンテントン（佐賀県伊万里市）（10月22～24日）
「ギャテイ、キガテイ」	護法祭（岡山県中央町）：両山寺（8月14日）
「コースケ」	水無（スイム）神社神輿祭り（長崎県木曽町）（7月22～23日）
「コラショ」	野沢の火祭り（長野県野沢温泉村）（1月13～15日）
「サイギ、サイギ」	岩木山神社大祭（青森県弘前市百沢）：岩木山神社（8月1～3日）
「サカサッサイ、サカサッサイ」	石崎奉燈祭（石川県七尾市）：石崎八幡神社（8月第一金土）
「サセー、サセー」	富来（トギ）の八朔祭り（石川県羽咋市）（8月31～9月1日）、日和佐秋祭り（徳島県日和佐町）：日和佐八幡神社（10月10～11日）
「サア、サア」（女神輿）	浅草三社祭り（東京都台東区浅草）（5月18～20日）
「サッササ、エッササ」	秋田竿燈祭り（秋田市内）（8月3～6日）
「ジャッソー、ジョヤサー」	蘇民祭り（岩手県奥州市水沢区）：天台宗黒石寺（2月中旬）

27

「ジョヤサ、ジョ ヤサ」*	新山神社「裸まいり」（秋田県由利本庄市）（毎年1月第 三日曜日）　*→（除夜又、除夜又）
「シャモーヤレ」	長崎くんち（長崎県長崎市）（10月7〜9日）
「セイサーオーワセ、 イヤートマカセ」	竹駒神社初午祭（宮城県岩波市）：竹駒神社（2月の初 午から一週間）
「セーノ」 「セーノ、ソーレ」	西条祭り（愛媛県西条市）：伊曽乃神社他（10月15〜18 日）、浜崎祇園祭（既出）
「ソイヤー、ソイ ヤー」	浅草三社祭り（既出）、御船祭り（北茨城市大津町）（5 月18〜20日）、松阪祇園祭（既出）
「ソコダイ、ソコ ダイ」	御幸祭り（山梨県甲斐市）：浅間神社、美和神社他（4 月15日）
「ソーヤ、ソー リャ」	新居浜太鼓祭り（愛媛県新居浜市）：一宮神社（10月 16〜18日）
「ソラホイ」	山梨祇園祭（静岡県袋井市）：山名神社（7月中旬の3 日間）
「ソラヨイ」	十五夜祭り（鹿児島県知覧町）（2月10日）
「ソーリャ」	沼田祇園祭（群馬県沼田市）：須賀神社、榛名神社（8 月3〜5日）、岸和田山車（だんじり）祭り（大阪府岸 和田市）：岸和田天満宮他（9月14〜15日）、西条祭り （愛媛県西条市）：伊曽乃神社、石岡神社、飯積神社（10 月15〜18日）
「ソレー」 「ソーレ、ソーレ」	犬山祭り（愛知県犬山市）：針綱神社（4月第一土日）、小 川祇園祭（茨城県小美玉市）：素鵞神社（7月19〜21日）、 取手祇園祭（茨城県取手市）：八坂神社（8月1〜3日）
「ソレソレソレソレ」	渋川山車祭り（群馬県渋川市）：隔年（8月上旬）
「ソラソラソラソ ラ」	尾道ベッチャー祭り（福岡県久留米市）：一宮神社（11 月1〜3日）
「ソヤホイ」	神田祭（既出）
「ソヤー、ソヤー」	おぎおんさあ（祇園祭）：八坂神社（7月20〜21日）
「ソースケ、コー スケ」	水無神社神輿まくり（長野県木曽町）：水無神社（7月 22〜23日）

第一章　祭りの「掛け声」を拾う

「そーらい、わーらい」	芋くらべ（野神祭り）（滋賀県蒲生郡日野町中山）（9月1日）
「チャレンコ、ヤッセー」	新庄祭り（山形県新庄市）：戸沢神社他（8月24〜26日）
「チョーヤレ、マッセ」	近江八幡左義長祭り（既出）
「チョーサー」	魚吹八幡神社秋祭り（兵庫県姫路市魚吹）：魚吹八幡神社（10月21〜22日）
「チョーサジ」	日和佐秋祭り（既出）
「チョーヤンサ」	伊万里トンテントン（既出）
「どっこいしょ」	秋田竿燈祭り（既出）
「ハーオ、ハオ、ハオ」	若一王子神社「流鏑馬神事」（長崎県大町市大字大町）（7月29日）
「ハーヨレヨレ」	八戸三社大祭（青森県八戸市）：新羅神社、おがみ神社（8月1〜4日）
「パラオン、サラオン」	護法祭（既出）
「ハリハリセー」	御船祭り（和歌山県新宮市）：熊野速玉神社（10月16日）
「ひいーよいやさ」	春日若宮おん祭り（奈良県奈良市）：若宮社（春日大社の摂社）（12月15〜18日）
「ベーラ、ベーラ」	弘前ねぷた祭り（弘前市）：（8月1〜7日）
「ホイホイ」	八代妙見祭（熊本県八代市）：八代（ヤッシロ）神社（10月22〜23日）
「ホイサ、ホイサ」	北條五大祭り（神奈川県小田原市）：（5月2〜3日）、お熊甲（カブト）祭り（既出）、大原はだか祭り（既出）
「ほりきのみっつのようかんぽ」	八尾の曳山祭り（富山県富山市）：八尾八幡宮（5月3日）
「ほーらんえんや」	ほーらんえんや：恵比寿神社、若宮八幡宮（7月22〜23日）
「ほーえーかーご」（宝恵駕篭）	愛染祭り（大阪市天王寺区）：勝曼院愛染堂（6月30〜7月2日）

「まえだ、まえだ」	浦安三社祭り（千葉県浦安市）：豊受神社、清龍神社、稲荷神社（４年に１回：６月15〜17日）
「マーマイソ、カーカイソ」	多伎神社「笠鉾祭り」（愛媛県今治市古谷乙47）：（５月１日）
「やっしょ、まかしょ」	山形花笠祭り（山形市七日町）：（８月６〜８日）
「やっさい、ほっさい」	「やっさいほっさい」火祭り（大阪府堺市西区）：石津太神社（12月14日）
「ヤーサンヤレサンヤレ」*	川上祭り（サンヤレ祭り）（滋賀県高島市今津町平ケ崎馬場）：日置神社・津野神社（４月18日）　＊（サンヤレ→「幸いあれ」）
「ヤーヤドー」	弘前ねぷた祭り（既出）
「ヤレキター」	焼津祭り（既出）
「ヨイサ、ヨイサ」	竹割り祭り（石川県加賀市）：菅生石部神社（２月10日）、長浜曳山祭り（滋賀県長浜市）：長浜八幡宮（４月９〜15日）、竹並祇園山笠（北九州市若松区）：須賀神社（７月14〜15日）、糸田祇園山笠（既出）
「ヨイサー」	中津祇園祭（大分県宇佐市）：八坂神社（７月第一日曜）
「ヨーイヤサー」	曽根天満宮祭り（兵庫県高砂市）：曽根天満宮（10月13〜14日）
「ヨイヤサ」	福野の夜高祭り（富山県南砺市）（５月１〜３日）
「よいしょ」	ゲーター祭（鳥羽市神島町）：八代神社（元旦の夜明け前）、八代妙見祭（既出）
「ヨーイトマケ」	水無神社神輿まくり（既出）
「ヨイトサ、ヨイトサ」	戸畑祇園大山笠（北九州市戸畑区）：飛幡旗神社（７月の第四土曜日を含む４日間）
「ヨイサ、コラサ」	灘のけんか祭り（兵庫県姫路市）：松原八幡宮（10月14〜15日）、大原はだか祭り（既出）
「ヨッチョレ」	高知市「よさこい祭り」（８月８〜12日）
「ヨンコイ、ヨンコイ」	ウンジャミ（海神祭り）（沖縄県国頭郡大宜味村）（８月12日）
「ラッセーラ」	青森ねぶた祭り（青森駅周辺の繁華街）：（８月８〜９日）

「ラッシャイ」	青森ねぶた祭り（既出）
「ラッショイ」	川越氷川祭り（埼玉県川越市）：氷川神社（10月14〜15日）
「わっしょい」	博多祇園祭、山王祭（日枝神社）、成田山祇園祭、秋田梵天祭り、角館祭り、魚吹八幡神社例祭、青柏祭（既出）、前田祇園山笠（北九州市八幡東区）：仲宿八幡宮、八束髪神社（7月第三月曜を最終日とする三日間）、遠野祭り（岩手県遠野市）：遠野八幡宮（9月14〜15日）、たてもん祭り（富山県魚津市）：諏訪神社（8月7〜8日）、飛騨古川祭り（岐阜県吉城郡古川町）：気多若宮神社（4月7〜20日）、天神祭り（大阪市北区）：大阪天満宮（7月24〜25日）、水かけ祭り（岩手県一関市）：一関八幡神社（2月11日）、大館神明社例祭（秋田県大館市）：（9月10〜11日）、深川八幡祭り（東京都江東区）：富岡八幡宮（8月15日に近い土日）、越中八尾曳山祭り（富山県富山市八尾町）：八幡社（5月3日）、御神幸祭（大分県宇佐市）：宇佐神宮（7月30日）、佐原祇園祭（既出）、ゲーター祭（既出）、浜幸祭（神奈川県茅ヶ崎市）：寒川神社、富来の八朔祭り（既出）、鳥栖祇園山笠（既出）、中津祇園祭（既出）、日田祇園祭（大分県日田市）：八坂神社（7月20日過ぎの土日）、野沢の火祭り（既出）、寒中禊神事（石川県輪島市）：奥津比咩神社（1月16日）、七日堂裸まいり（福島県河沼郡柳津町）：（1月7日）、新発田ふるさと祭り（新潟県新発田市）：諏訪神社（8月27〜29日）、豊年祭り（愛知県小牧市）：田県神社（3月15日）、多度祭り（三重県桑名市）：多度大社（5月4〜5日）、近江八幡左義長祭り（既出）、八代妙見祭（既出）、三谷（ミヤ）祭り（愛知県蒲郡市）：若宮神社他（10月24日）、弥五郎どん祭り（鹿児島県曾於郡大隅町）：岩川八幡神社（11月3日）、石巻川開き祭り（宮城県石巻市）：北上川河川敷（8月1〜2日）、取手祇園祭（既出）、上田祇園祭（長野県上田市）：上田中央商店街（7月13日）

記紀の神々の系図・再構築

"神々はそんなには多くない"

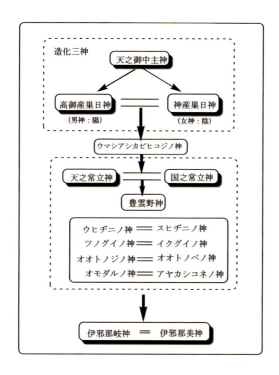

「乾坤（天地）初めて分かれて、参神造化の首（はじめ）となり、陰陽ここに開けて二霊（伊邪那岐・伊邪那美）群品の祖となりき」

（『古事記』の序：太安万侶）

第二章　記紀の神々の系図・再構築

はじめに

　日本人にとって神社に参拝するという機会は、そんなに頻繁にあるわけではない。正月の初詣とか七五三やお祭りなどの際にお参りする程度で、実際その神社にどんな神々が祀られているのか、全く気にしない人が多いと思う。日本の神社には、漠然と八百万（やをよろず）の神々が祀られていると思い込んでいるからかもしれない。数が非常に多いという意味だが、そんなに多いわけではない。私は数えたことがないが、『古事記』に現れる神々の数をしっかり数えた人[1]がおり、全部で「321柱」の神々がおられるようである。意外と少ないのではないか。確かに、『古事記』では「天の岩屋戸」の中から「天照大御神」を誘い出すため八百万の神々が全国から集合したという記載があるので、我々は昔からそのように漠然と記憶してきたのだ。人の数ほど神がいるヒンドゥー教の方が八百万にふさわしい。面白いことに、『日本書紀』では『古事記』と同じ表現を避け、遠慮した言い方で八十万（やそよろず）の神々に書き換えている。一桁少なく記述しているのはご愛嬌ともいえる。神道では自然現象や自然そのもの、我々の祖先など、あらゆるものに霊性を認めていることを考えると、いたる所に神が臨在しているという深層意識が働いて八百万という表現になったのだと思う。仏教でも、意味合いは全く違うが、「山川草木悉皆成仏」という表現がある。神が不在の現代に比べて神を畏れる昔の人々のほうが、精神的には、はるかに健康かもしれない。

　『古事記』の神々は少ないといっても321柱もあり、なかなか頭に組み込むのは難しい。『古事記』や『日本書紀』に登場する神々には悩まされる。特に、『日本書紀』では、様々な伝承をまとめ切れないというか、後世の人々に判断を委ねようとしたのか、「一書（あるふみ）いわく、いわく」を連発して引用しているのは、国書としての統一性に欠けるきらいがある。『古事記』の真似はしたくないという深層心理が強く働いていたはずで、『古事記』の神代の世界を省略し、更に神々の名前の表記

35

もかなり書き換えているのは大いに理解できる。記紀を読み比べると、神々が右往左往して頭を混乱させるので、その先を読み続けるのが面倒臭くなり、断念した読者も多いことと思う。そこで、以下のような個人的試論を展開して、『古事記』に最初に出現する神々から分かりやすく整理したいと思う。同時に、それらの神々を祀る神社を系統的に分類整理すれば、神代の時代のイメージが徐々に頭に浮かんでくる可能性はあるので、各地の神社を参拝する際の参考になるかもしれない。

第二章　記紀の神々の系図・再構築

1．記紀の神々を統一的に整理する

　第一章では、神々を奉る人々の側から、その祭りに伴う「言霊」のような掛詞について調べてきたので、この章では祀られ迎えられる神々の役割や特徴などを記紀を参照しながら整理し、古社を参拝する際の基礎的資料としたい。『古事記』は国内向けに大和言葉風に語りかけた神話であり、歴史書であると同時に文学書でもあると言われる。

　一方、漢文で書かれた『日本書紀』は、対外的な公式の日本歴史書と一般的に理解されているので、専門家による現代語訳を参考にしつつ、「**天地開闢**」の際に現れる神々の特徴から、その意味を吟味し、比較検討していきたい。

『古事記（上）』では次のような文章から始まっている。「天と地が初めて分かれた開闢の時に『**高天原**』に成り出でた神の名は、**天之御中主神**（アメノミナカヌシノ神）、次に**高御産巣日神**（タカミムスビノ神）、次に**神産巣日神**（カミムスビノ神）である。この三柱の神は、皆ひとり神として成り出でた神で、姿形を現さなかった。次に……（中略）……成りし神の名は、ウマシアシカビヒコジノ神、次に天之常立神。この二柱の神もひとり神として成り出て、姿形を現わされなかった」。以上五柱の神は、天津神の中でも特別の神である。この五柱の神は**別天神**（コトアマツカミ）とも言われ、最初に現れた三柱の神は**造化三神**と言われている。この**別天神**のあとに、国之常立神、豊雲野神という二柱のひとり神が続き、更に男女対になった神々として、ウヒヂニノ神・スヒヂニノ神からイザナギノ神・イザナミノ神までの五組のカップルが現れる。男女神を一柱と数えることにより、これらの神々は**神世七代**と呼ばれている。

　更に、『日本書紀（上）』には、少し長くなるが、次のように書かれている。「昔、天地も未だ別れず、陰陽の対立も未だなかったとき、混沌として形定まらず、ほの暗い中に、まず物のきざしが現れた。その清く明るいものは高く揚って天となり、重く濁ったものは凝って地となっ

37

た。しかし、清くこまかなものは集まり易く、重く濁ったものは容易に固まらなかった。（中略）……」だから、天が先ず出来上がって、後れて大地が定まり、その後に至って神がその中に誕生した。「形は葦芽（あしかび）のようだ。すなわち神となる。国常立尊という。（中略）」次に、「**クニノサツチノミコト**、次に**トヨクムヌノミコト**と呼ばれる三柱の神が現れる」とある一方、一書（あるふみ）では「天常立尊がまず現われ、（中略）次に**ウマシアシカビヒコジノ尊**、続いて国常立尊が現れる」とある。『日本書紀』では、一書に曰くと長々と異伝を数種類引用していく。皆少しずつ順序を変えて名前も少し異なる神々が出現するが、『古事記』と全く同じ順序で同様の神々を表現している一書もある。様々な異伝を紹介するだけで、まとめるという作業はしなかったようだ。

　さて、『古事記』の最初に現れる天之御中主神とは、一体どんな神なのだろうか？　特に説明もなく、はじめの一行に登場するだけで二度と現れない。宇宙の中心的な神としての、象徴的、観念的な神と考えられる。二番目と三番目に登場する高御産巣日神と神産巣日神は少しあとで登場する場面があり、特に高御産巣日神は高木神（高魂神）とも言われ、天照大御神を中心とした「高天原系の神話伝承」に多く登場し、神産巣日神は「出雲系の神話伝承」において指導的な役割をしており、その御子「少名毘古那神」と共に活躍する場面がある。

　いずれにしろ、『旧約聖書』の創世記の最初に書かれている「初めに、神は天と地を創造した」（ベレシートバラー　エロイーム　エットハシャマイム　ベエットハアレツ）とは正反対に「まず天と地が現れ、そこに神々が葦牙のごとく誕生した」とする記述は、他動と自動という対照的な表現と共に、「無」と「混沌」という発想の前提の違いが実に興味深い。

　記紀は、基本的に「人に似せて神を創造した」ギリシア神話と同列で、天地が生じた後に自然発生的に多数の神々が登場する。「神に似せて人を造った」という創世記の表現は、ギリシア神話と逆の発想であり、「**誰が神を見たのか**」という反問を避けるため、「**声は発しても姿を**

第二章　記紀の神々の系図・再構築

見せない」存在として表現している。八百万の神々では、『旧約聖書』の物語は成り立たない。

　記紀を読みつつ、記紀の解説書や通俗書、さらに少し専門的な文献などをひも解いてみても、最初に現れる十二柱の神々を、統一的に整理し解釈しようとしている書物は見あたらず、神々の名称から、それらの意味の解読に終始している場合が多い。そこで、本書では、恐れ多いことながら、独断的な試論を以下に展開してみたい。

　基本的な骨組み又は概念として、「**宇宙**」と「**天と地**（地球を含む太陽系）」と「**人**」というキーワードを中心に「**陰陽五行**」という中国古来の二元思想を根底にして整理すれば分かりやすいのではないかということで以下のように考察を進めた。

　天之御中主神という神は、古来「北極星」を宇宙の中心として神格化した道教の影響がかなり強いと同時に、室町時代以降、仏教にも北辰妙見菩薩として習合されていた。特に江戸時代後期の国学者で本居宣長の流れを汲む平田篤胤の神道思想では、この神を非常に重要視しており、高御産巣日神を男神とし、神産巣日神を女神とする考え方を提唱している。この神を宇宙の中心にすえて、高御産巣日神と神産巣日神という二柱の神は、天之御中主神が「**陰陽**」で分化した神名と見なすことは不自然ではないと思う。何故なら、『出雲国風土記』では、神産巣日神は、神魂命という名でしばしば登場するが、その「島根の郡、加賀の郷」には、「**御祖**（みおや）の神魂命」という表現が現れており、この御祖とは、特に「**母**」を意味しているからである。

　一方、『古語拾遺』（平安時代前期の歴史書で斎部氏に関係する）では、「**タカミムスビノカミ**」を長男とし、次男を「津速産霊神（ツハヤムスビノカミ）」、三男を「**カミムスビノカミ**」とする面白い考え方もある。更に注目すべきことは、『先代旧事本紀』（平安時代前期の歴史書で物部氏に関係する）では、「天之御中主神（尊）」のすぐ後に「**ウマシアシカビヒコジノミコト**」が出現している。「高御産巣日神（紀：高皇産霊尊）」と「神産巣日神（紀：神皇産霊尊）」をイザナギ、イザナミの兄妹

39

神の後から登場させているのだ。高御産巣日神と神産巣日神の二柱の神を天之御中主神と共に「造化三神」として、最初に登場させている『古事記』の説明には、前後関係から見るとかなり矛盾がある。なぜなら、この二柱の神が活躍するのは、天照大御神以降の話であるからである。

　次に、小宇宙としての太陽系での「天と地」を考慮すると、「天之常立神（紀：天常立尊）」と「国之常立神（紀：国常立尊）」も陰陽一対の神とした方が分かりやすい。「天地交わらざれば、万物興らず」という中国古来の思想やギリシア神話を参考にすれば、「天は父」であり、「地は母」であるという発想が根底にあり、「天之常立神」を陽（男神）とし「国之常立神」を陰（女神）とする夫婦神とすれば、ごく素直に理解しやすいと思う。

『日本書紀』では、『古事記』と全く同じ記述を避けるための工夫として、天よりも現実に人々を支配している立場を強調するため、よって立つ大地の方に重きを置き、天津神を棚上げにして、国津神である「国之常立神」を先頭に配置したものと理解できる。室町・江戸時代を通じて影響力の強かった吉田神道でも、「国常立尊」を主祭神として重要視しているのは、支配者側の立場に立った考え方を採用しているものと判断する。

　続いて現れる男女一対の夫婦神は、伊邪那岐神と伊邪那美神の夫婦神を除いて、『古事記』では四組の夫婦神、『日本書紀』では三組の夫婦神として表現されているが、これらの神々は主役となる伊邪那岐神と伊邪那美神の夫婦神の露払いとなる説明的な神々に過ぎないと考える。『旧約聖書』（創世記）の中の「天地創造の七日間」を参考にして、神世七代を考案したのではないかという説があるが、そう考えてもおかしくない雰囲気がある。くらげの漂うような状態、あるいは鳥の卵のようなコロイド状態から徐々に大地が固まり、完全に生物を育むことのできるような状態へとゆっくり変化していく喜ばしい様を、神々の名を借りて比喩的に述べたものと解釈できるのではなかろうか。最初に出現する夫婦一対の神「ウヒヂニノカミ」と「スヒヂニノカミ」は共に「土とか泥」

第二章　記紀の神々の系図・再構築

を意味しているので、大地が固まったあとの様子を丁寧に表現しながら、「土から造られたアダムとイヴ」を念頭におきながら書き進めたものではないか。

「イザナギ、イザナミ」を直接土から造るという表現は避けて、婉曲的に四組の夫婦神を挿入したものと考えられる。実際、『古事記（上）』の序の部分で、太安万侶がいみじくも簡潔な表現でこう述べているではないか。「乾坤（天地）初めて分かれて、参（三）神造化の首（はじめ）となり、陰陽ここに開けて、二霊（イザナキとイザナミ）、群品の祖となりき」と。

また、中国古来からの伝統的な考え方を尊重するなら、奇数は**聖数**として、特に三、五、七という数にもこだわって、四組の神々を意図的に組み込んだとも考えられる。

伊邪那岐神と伊邪那美神の夫婦神を最後に登場させたのは、即ち、人（日本民族）の始まりとなる宣言ともいえる。『旧約聖書』の創世記におけるアダムとイヴの登場に相当する。

7世紀の初めに景教（キリスト教ネストリウス派）が中国に伝わったことを考慮すると、『旧約聖書』の漢訳が中国を経て日本に入ってきた可能性は大いにありうる。記紀では人間の物語としてではなく、諸外国の神話を参考にしつつ、わが国独自の神々の伝承を大和朝廷の立場を重視しつつ再構築したものと理解できる。

以上の考察を前提として『古事記』の神名を中心にすえ、伊邪那岐神と伊邪那美神の夫婦神までを簡潔に図示すれば、図2-1のような骨格となる。途中に出場する「ウマシアシカビヒコジノ神」と「豊雲野神」も同様に現象的、説明的な神として解釈できると思う。実際、この神々は、この後、ほとんど姿を現さないのである。神社の祭神としても、顔を見せることは非常に稀である。そこで、天之御中主神を大宇宙の中心的な象徴神としてまず指定する。同時に、小宇宙としての太陽系の中の「**天**」（太陽）と「**地**」（地球）という発想を基礎とし、より身近に認識できる天地という概念を、「天之常立神」や「国之常立神」に凝縮させ、

41

最終的に「**天照御大神**」(太陽神)を主役として登場させるという流れを考えれば、『**古事記**』の物語はきわめて理解しやすくなると思う。実際「天津神」でありながら、天(高天原)から追放された弟の「須佐之男命」が地の神「国津神」として活躍するという話は非常に示唆的である。「天照御大神」は女神として登場しているが、実際は天の神として「**陽**」の立場を取り、追放された「須佐之男命」は地の神として「**陰**」の役割を担っていると考えればよい。

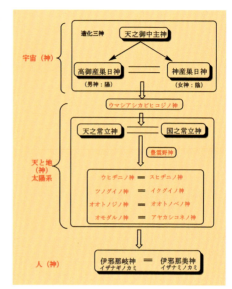

図2-1

次の図2-2では、伊邪那岐神と伊邪那美神の夫婦神から神武天皇まで(『古事記〈上〉』)の神々の系図を分かりやすく整理したが、これだけでも頭に入れておけば、多くの神社を参拝する際の予備知識として充分役立つと思う。

伊邪那岐神と伊邪那美神が国生み、神生みに先立って結ばれ、不具の子「水蛭子(ヒルコ)」と「淡島」を生んだのは、「女が先に声を掛けた」からという言い訳にしているのは、もともと「兄妹婚」等による近親婚の弊害を承知していた上での婉曲的な記述であるに違いない。近親婚については、『古事記』をはじめ、世界の神話や『旧約聖書』等から現代に至るまで多数の事例があるが、別途議論したい。

『古事記(上)』では、男神の伊邪那岐神の方から声を掛けるという「**やり直し**」をするため、天の神の指示を仰いで「**卜占**」をしてから、「国生み」と「神生み」という大仕事を再開しているのは、健全な子を生むための「呪い」のようなものである。結論として、「水蛭子(ヒル

第二章　記紀の神々の系図・再構築

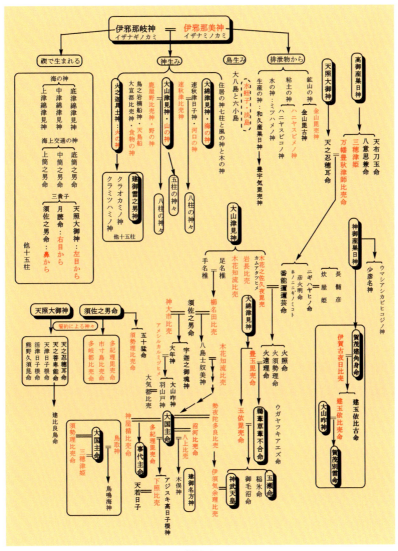

図2-2

コ）」と「淡島」は、子の数に全く入れずに排除しているのである。

　大小の島々を生む国生みを果たした後、いよいよ本格的に神生みを始める。まず、住居の神々を次々と列挙している。「大事忍男神（オオコトオシオノカミ）」以下七柱の神々である。更に海の神、河の神＝水戸（ミナト）の神、風の神、木の神、山の神、野の神へと展開する。続いて、天鳥船、大宣都比売神（オオゲツヒメノカミ）、火之迦具土神（ヒノカグツチノカミ）まで三十五柱の神々を生んだとある。文脈からすると、伊邪那岐神と伊邪那美神の生んだのは、十七柱の神々だけで、それ以外は孫神と考えるべきだが、それもすべて含めた数字のようにみえる。最近の解説書では、二神の生んだ神々は、全部で十七柱としている。少し古い解説書（西宮一民校注『古事記　新潮日本古典集成』）では、原文のままの数字を採用している。

　図2-2では、河の神である「速秋津日子神（ハヤアキツヒコノカミ）」と「速秋津比売神」の二神が生んだ八柱と、山の神である「大山津見神」と「鹿屋野比売神（カヤノヒメノカミ）」の生んだ八柱の神々は、イザナギとイザナミの孫神とする説を採用している[6]。

　あまり神の数にこだわる必要はないと思う。実際、後ほど『古事記』の重要な場面に登場してくるのは、「**海の神**」、「**山の神**」、「**野の神**」、「**火の神**」が中心で、その他の神々はほとんど姿を見せず、何の説明もなく消えていくからである。以下の節では、上記の四種類の神々を中心に、『古事記』の話の流れをたどりながら議論していきたい。

　更に、神武天皇（天皇という呼称は、実際は天武天皇以降）から第33代推古天皇までの主要な系統の神々までを整理すると、図2-3と図2-4のように簡潔にまとめられる。神武天皇や倭建命（日本武尊）を祀る神社、とりわけ応神天皇を祀る神社（八幡神社系）は非常に多い。

　以上の系図は、『古事記』に書かれている神々をすべて網羅しているわけではなく、本流として登場せずに、途中で消えていく神々は含まれ

第二章　記紀の神々の系図・再構築

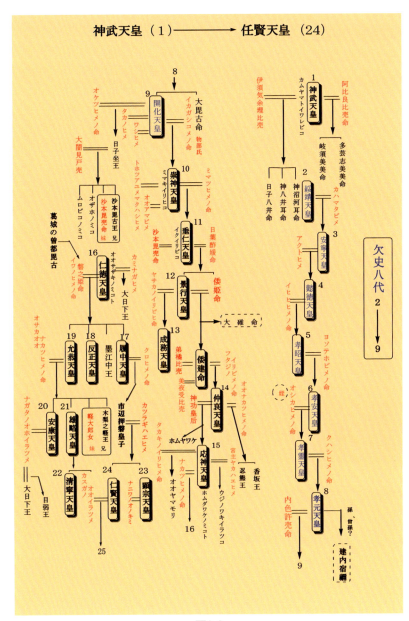

図2-3

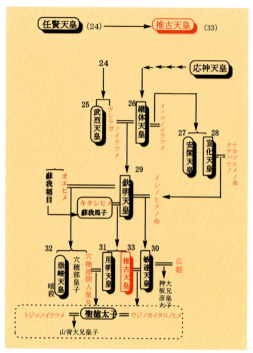

図2-4　任賢天皇から推古天皇まで

ていない。応神天皇（お妃10人）や垂仁天皇、景行天皇（共にお妃7人）のように、多数の姫が存在する場合は、役割が明確な神々に絞って表記してある。

　次節では、まず図2-2に示されているイザナギ・イザナミの関与する神々を中心に具体的に少し詳しく議論していきたい。自然の営みを神々の営みに置き換えて考察し、記述しているのはアニミズムの真骨頂である。次々に登場する神々の名称を、作者が非常に苦心しながら命名したものと考えられるので、その語義の解釈も重要ではあるが、その根底に流れる発想を汲み取る作業は、さらに重要である。

　イザナギとイザナミが共同で神生みを行った結果を順番に見ていくと、まず「住居の神」、「風の神」、「木の神」から「海の神」、「河口の

46

神」、「山の神」、「野の神」、「天鳥船」、「火の神」、「食物の神」の神々と
なっている。イザナミが火之迦具土神を生んだために、病の床に伏した
時に生まれた神としては、「鉱山の神」、「粘土の神」、「水の神」および
「生産の神」が記されている。これらの神々の名から浮かびあがる言葉
は、中国古来の哲理である「陰陽五行」の「五行」というキーワードで
ある。万物を構成する元素**「木、火、土、金、水」**という基本的発想が
前提にあったと推測できる。

　この基本元素を中心に、身の回りの現象や日常生活なども取り込ん
で、様々なものに「神格」を与えたものと考えられる。これらの神々
の中でも、後々登場する主要な神々に焦点をあて、以下に示すように、
「火の神」からはじめて「山の神」、「海の神」へと話を進めてみたい。

2．イザナギとイザナミの関与する神々の系図

①火の神：火之迦具土神（ヒノカグツチノカミ）について

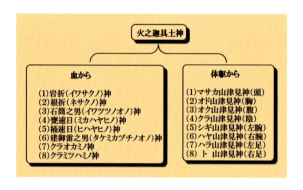

　イザナギの命が、十拳の剣で火之迦具土神を切ったことから生まれた各八柱の神々の名前を、よく吟味していくと、自然に頭に浮かぶキーワードがある。上記右側に示された、頭から足に至る身体から化成した神々の名称を見れば明らかなように、共通する単語は「山」であり、左側に示された「血」から化成した神々の名称からは、「岩」や「火」、「雷」、「水」という「キーワード」が自然に浮かび上がる。これらのキーワードから一体何を連想するだろうか。

　単に「焼き畑」を作るための「野焼き」の風習から出たという説や「鍛冶場」での、一連の作業に見立てたという説、火山の爆発をイメージしたという説などがあるが、後者の「火山爆発説」（松村武雄『日本神話の研究　第二巻』培風館）の方が説得力があると思う。

　「野焼き」説や「鍛冶場」説は、イメージとしては非常に弱々しく、「雷が轟き」、「岩が砕ける」ような迫力のある状況は連想しにくい。大きな火山爆発なら、必然的に噴石が飛び散り、雷が発生し稲妻が飛び交う。あちこちで溶岩流が発生すれば、森を焼き尽くすと同時に新たな

山々が生まれるという情景が目に浮かぶ。更に、高く吹き出す噴煙が雲を誘発し、雨が降る場面が容易に連想できるではないか。「岩折神」、「根折神」という神々の命名からも連想できるように、岩や大木をも切り落とせるほどの鋭い「十拳の剣」で火之迦具土神の首をはねたとすれば、激しい血しぶきが噴出するであろう。これは、まさに火山噴火の迫力に対応しており、強力なイザナギの剣の威力がそれを代弁しているといえる。その血潮が岩にほとばしり化成した神が「岩筒之男神」であり、猛烈な火の神である「樋速日（ヒハヤヒノ）神」や勇猛な「雷」の神である「建御雷之男神」と共に、さらに「竜神」のように吹き上がる噴煙（大噴火では数万メートルにも達する）が雲気を生じ雨を降らせ、やがて谷川の流れに変わる様を、谷の水の神である「クラオカミノ神」と「クラミツハミノ神」が暗示していると思われる。

『日本書紀』では、「ミカハヤヒノ神」は「建御雷之男神」の祖先であるという記載があるので、この神も雷神の仲間なのである。一方、「火を切る」という発想から「火伏せの神」という発想にもつながり「火之迦具土神」は、「秋葉神社」や「愛宕神社」などに祀られており、文字どおり「防火〔火伏せ〕の神」ともなっている。

②山の神：大山津見神について

「風の神」、「木の神」に続いて登場する神が、「山の神」と「野の神」である。山の神である「大山津見神」に関しては、単独名でしか登場していないが、後に重要な場面で「国津神」として大いに活躍する。図2-2の中央部に表示されているように、まず「ニニギノ命」が「木花之佐久夜毘売」に求婚した際に、父神として顔を出すほか、「スサノオの八俣の大蛇（おろち）退治」の所で、「足名椎と手名椎」の親神として登場する。さらに「スサノオ」と「櫛名田比売」の御子神である「八島士奴美命」の妻になる「**木花知流比売**」の親神としても登場する。この系列からは、六世後の孫神として、「**大国主命**」が登場することになる。

49

一方、「大山津見神」は「山の神」として「山の頂上」の部分を、妹の「鹿屋野比売神」は「野の神」として「山裾」の傾斜地を分担して治めるために、八柱の神々（右図）を生んだといわれている。山には、おのずから険しい「峡谷」や「渓谷」が存在

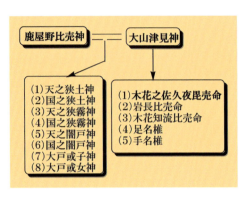

し、時に「霧」で道に迷ったりすることもあるので「狩猟・焼畑」生活での日常体験を読み込んだものであるという解釈は妥当かもしれない。しかし、後々これら八柱の神々が活躍する場面は見当たらない。

　八柱の神は、いずれも自然現象や景観に因んだ神で、(1)天之狭土神と(2)国之狭土神の「狭」は坂を意味し、「坂路を守る神」で、天・国は対語で陰陽を表している。(3)と(4)の神も同様であるが「狭霧」とは坂を上り詰めた所、即ち「峠」を意味しており、「峠の神」と解釈されている。

　(5)と(6)の「闇戸」は、陽の射さない所、即ち「谷間の神」を示している。

　(7)と(8)の神も陰陽一対の神であるが、天・国で区別する代わりに、「或子（まとひこ）」と「或女（まとひめ）」と読み、男女を区別している。谷の傾斜面（窪地）を守る神とされる。

③海の神：大綿津見神について

「大綿津見神」は文字どおり「偉大な海の神」という意味で、図2-2の中央右側に表示されているように、「神武天皇」につながる重要な神であり、「天津神」の主要な系列に組み込まれている。「天照大御神」と「高御産巣日神」の孫神に相当する「ニニギノ命」が「笠沙の御前

第二章　記紀の神々の系図・再構築

（岬）」で、見目麗しい「**木花之佐久夜毘売**」、別名は神阿多都比売（かむ あたつひめ）を見初めて求婚した際、「**木花之佐久夜毘売**」は「すぐには ご返事できません。父神である『大山津見神』に相談してからお答えし ます」というくだりがある。「大山津見神」は、大いに喜び姉の「**岩長 比売**」と共に、さまざまな献上品を差し出したところ、「ニニギノ命」 は「岩長比売」が「ひどく不細工である」という理由で追い返したと いう逸話が出てくる。また、垂仁天皇の所（『古事記〈中〉』）でも、美 知能宇斯王（みちのうしのみこ）の四人の娘を垂仁天皇に嫁がせようとした 時、上の二人の娘（比婆須比売命と弟比売命）は受け入れたが、後の二 人の妹（歌凝比売命と円野比売命）は「いと醜きにより」という理由で 国に返されたという逸話もある。円野比売命（まとのひめのみこと）は「同 じ兄弟（はらから）の中に、姿醜きをもちて喚さえし事、隣（ちかき）里に 聞えむ、これいと恥ずかし」と言い、国に帰る途中、山城の国の相楽に 着いたとき首を吊ろうとしたが、乙訓（京都市の西南）にやって来たと き、淵に落ちて死んだという悲しい伝説が残っている。

　今様に解釈すれば、実に失礼なものの言い方ではある。「姉妹」がい る場合、「妹が先に結婚するのは好ましくない」という意識があって、 姉妹まとめて嫁に差し出すという風習〈**姉妹連帯婚**〉が大昔にはあった ようである。『旧約聖書』（創世記：29-15）にも、以下のように、よく似 た逸話が出てくるのである。

　アブラハムの孫であるヤコブは、伯父ラバンの娘、美しい「ラケル」 を見初めて求婚したところ、「私たちの土地では、姉より先に妹を嫁が せることはできない」と言って、まず姉（醜いという直接的な表現は ないが、目が弱々しい）「レア」を強引に嫁がせ、散々待たせてから、 やっと「ラケル」を嫁にくれるという話が創世記に書かれている。やが て、ヤコブは上記の姉妹や、それぞれの召使女との間に全部で12人の 息子に恵まれ、これが「イスラエルの12部族」の祖となる物語として 書かれている。

「ニニギノ命」に追い返された「**岩長比売**」は、その後どうなったか

51

は全く書かれていないが、宮崎県西都市には、岩長比売を祀る**「銀鏡(シロミ)神社」**があり、現在でも岩長比売の霊を慰める**「銀鏡神楽」**が残っている。しかしながら、銀鏡神社の創建は室町時代（1489年）のことなので後世の人々の同情的な創作（付会）かもしれない。

　岩のように丈夫で長持ちする**「岩長比売」**を断った結果、**「天津神」**の寿命は**「木の花のように短くなるでしょう」**という**「落ち」**がついている。このような神話は、インドネシアにある「バナナ形の死の起源神話」：（その昔、人間が食料として石の代わりにバナナを選んだため、死ぬようになった話）につながるものと指摘されている。

　この**「木花之佐久夜毘売」**と**「ニニギノ命」**との間に生まれた三人の御子のうちの**「火遠理命（山幸彦）」**と**「大綿津見神」**の娘**「豊玉毘売命」**が結ばれる話は、**「海幸彦・山幸彦」**という昔話としてよく知られているが、これもインドネシアやメラネシアに古くから伝わる説話が、その源流だと言われている。

　後に**「豊玉毘売命」**の御子である**「ウガヤフキアエズノ命」**は、**「豊玉毘売命」**の妹である**「玉依毘売命」**と結ばれ、**「神武天皇」**が登場してくるのである。

　右下図に**「水戸の神」**とあるのは、河と海に接する**「河口」**を意味する**「水戸(ミナト)」**の神として**「速秋津日子神」**と**「速秋津比売神」**という男女神が示されているのは、男神が「河」を、女神が「海」の側を分担管理しており、八柱の神々の名のとおり、「水面が泡立っている」とか「静か（凪）である」とかの波の状態を表している。「水分(ミクマリ)」とあるのは、山頂や地上での水の配分を意味しており、「飲料水」

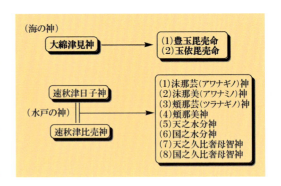

や「灌漑用水」の分配が、昔から非常に大切な仕事であったことが想像される。

④イザナミの神より単独に生まれた神々

　火之迦具土神を生んだことにより、イザナミはホト（陰部）を焼かれて病の床に就いたときに、嘔吐したことから生まれた神が「金山毘古神」と「金山毘売神」である。溶跌を流す時の様子と似た状態を表現し、冶金などで見られる作業を念頭においたものと考えられている。

　下の図に示されている「糞」から「粘土」という着想は面白いが、これは土器製造に必要な粘土を想定しており、どちらの作業にも「火」は欠かせない存在である。また、次に登場する「尿」という言葉からも連想できるが、作物の生育に必要な「肥料」としての「糞尿」も念頭に置いているものと言える。「尿」から化成する神として、「水の神」である「弥都波能売神（ミツハメノカミ）」が、さらに関連した「産巣（ムスヒ）＝生産」の神としての「和久産巣日神（ワクムスヒノカミ）」が登場する。

　最後に、「和久産巣日神」の子神として、「豊宇気毘売神」（伊勢神宮の外宮の祭神）という「食物の神」を登場させているのも、古代社会の農耕稲作文化を反映した記述と考えられる。

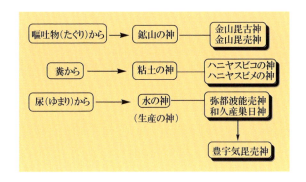

⑤禊で生まれた神々

　死んだイザナミのいる黄泉の国（死者の行く地下の国）へ妻を慕って訪ねたものの、変わり果てた妻の姿にイザナギは驚愕し、恐れおののきながら逃げ帰った時、「なんと汚らわしい国に行ったことだ。身を清め、禊をしなければ」と筑紫の日向の橘の小門（オド）の阿波岐原（現宮崎県にある「江田神社」あたりという説がある）にたどり着き、身につけていた諸々のもの（杖、帯、袋、上着、袴、冠、装身具など）を投げ捨てた。「身につけていたものを取り去る」という行為は、言い換えれば、「**身を削ぐ**」ことになるので、「**禊**（ミソギ）」という言葉に変化したとされる。この時化成したのが、杖から生まれた「衝立船戸（ツキタツフナトノ）神」をはじめとして「辺津甲斐弁羅（ヘツカヒベラノ）神」にいたる十二柱の神々であった。イザナミのいる「黄泉の国」から逃れる時も、髪飾りや櫛、桃などを放り投げ捨て、やっとのことで「黄泉平良坂（ヨモツヒラサカ）」（島根県八束郡東出雲町にある「揖夜（イヤ）神社」あたり）にたどり着いたあと、はるばる宮崎まで逃げてきたことになる。この道中を「十二柱の神々」の化成で表現し、前半の六柱の神々は陸路を、後半の神々は海路を表すという「道中神話」に対応していると言われる（西宮一民校注『古事記』）。

　第二段階の「禊」は、「水の霊」による本格的な「禊」である。次頁の図に示されるような「九柱の神々の誕生」につながるが、その前に今一度「黄泉の国」で取り付かれた「穢れの二神」の「禍」を水でそぎ落としてから、「神直し」のために「カムナホビ、オオナホビおよびイヅノメの三柱の神」を化成させている。このような手の込んだ手順の後に、やっと以下のような神々が誕生したのである。

　水底、水中および水の表面で身を洗い清めたときに生まれたのが、海の神「綿津見三神」であり、航海の神「住吉三神」である。「綿津見三神」は阿曇（アズミ）氏（九州の志賀島あたりの海人族と言われる）の祖先神とされ、福岡県にある「志賀海神社」（旧官幣小社）という古社

に祀られている。「住吉三神」は、大阪市にある「住吉大社」をはじめとする、各地の「住吉神社」の主祭神となっている。

　最後に本命として登場するのが、イザナギが左目、右目、鼻の順に顔を洗ったときに化成した神が、よく知られた「三貴子」といわれる「天照大御神」であり、「月読命」そして「須佐之男命」である。イザナギは、「天上の王国のシンボル」として「御頸珠（ミクビタマ）」を「天照大御神」に授け、高天原の支配者となることを委任している。「月読命」には「夜の国」を、「須佐之男命」には「海原（ウナバラ）」の支配を命じたのである。この「三貴子」の一連の話は、よく知られている物語であり、それぞれの役割分担は明確である。

⑥天照大御神とスサノオの誓約（うけい）から生まれた神々

　イザナギの命令に従わず、いつまでも泣きわめいている「須佐之男命」の言い分に立腹したイザナギは、「須佐之男命」を「根の国」に追放しようとした。「須佐之男命」いわく、「天照大御神に事情を説明してから根の国に参りましょう」と天に昇ることになった。驚いた「天照大御神」は、疑いながら「どのような訳で上ってきたのか」と問いただす。「須佐之男命」は、自分には「邪心」がないことを証明するために、お互いに「誓約」して「子を生もう」と提案した。これが「二神の誓約生み」という『古事記』の中では、一つのハイライトであり、かなり意味深長な物語である。何故なら、この誓約そのものが、ある意味で「姉弟婚」を暗示しているように見えるからである。

　「イザナギ」と「イザナミ」の「兄妹婚」のように露骨に「**みとのまぐ**

あひ（夫婦の交合）」と表現することを避けたのも、「近親婚」を「性的禁忌の例」として、すでに「国津罪」であることを認識していたからと思われる。

「姉弟婚」の根拠として、須佐之男命（素戔嗚尊）が犯したさまざまな罪の中で注目される

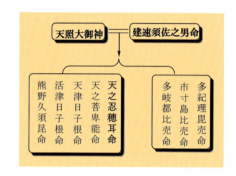

のは、「天照大御神の機屋」の中に「逆剝ぎした馬の皮」を投げ込んだ際、驚いた「機織女」が「機織の道具」で「ホト（陰部）」を突いて死んでしまうという、非常に暗示的な話が出てくる。更に、似た例として、『古事記』神武天皇の段でも「大物主神が丹塗矢に化けて勢夜陀多良比売（せやだたらひめ）のホトを突いた結果、伊須気余理比売（いすきよりひめ）を生む」という「丹塗型神婚譚」も知られているからである。

「天照大御神」の「玉」と「須佐之男命」の「剣」とを交換して、それを互いに「嚙み砕いて吐き出す」という作業を通じて、「宗像三女神」と上図の左側に示すように「天之忍穂耳命」以下の五柱の神々が誕生するという婉曲的な表現として「呪法」を行ったわけである。露骨に「男女の交合」という物語を打ち出すのは、神話としての品格や深みに欠けるので、このような儀式で代弁したのかもしれない。

問題なのは、この「誓約」のルールが明記されていないので、一体どちらが勝利したのかは判然としないが、「天照大御神」は「五柱の男神」が自分のもの（珠＝玉）から生まれたのだから私の子であり、三柱の女神は「須佐之男命」の剣から生まれたので「須佐之男命」の子であると断言している。最初に生まれた男神「天之忍穂耳命」には「正勝吾勝勝速日」という添え書きがあることからすると、どちらも「自分が勝ったのだ」と宣言しているみたいだ。

一方、『日本書紀』では「須佐之男命」が、次のように明確な誓約をしている。「女が生まれたら邪心があると思ってください。男が生まれ

たら清い心であるとしてください」と書かれている。須佐之男命が「や
さしい女の子」が生まれたのだから「私が勝った」のだと言う主張は、
『古事記』には記されていないが、それでも勝ったと主張する「須佐之
男命」は、「亭主関白」的態度で、以後乱暴狼藉の限りを尽くし、様々
な「天津罪」を犯すことになる。

⑦須佐之男命のその後

　須佐之男命は「天上界（高天原）」では、「悪役」として登場し高天原
を追放されることになっているが、記紀で語られる「出雲系神話」の
「八俣の大蛇退治」伝説では「善神」としても大いに活躍している。と
ころが、地元の『出雲国風土記』では、そのような伝説は一切出てこな
いし、大国主神の「因幡の白兎」もないが、国譲りや八十神に関連する
話は出てくる。

　歴史は、ともすれば「勝者の論理」で書かれている場合が多く、敗者
の立場は常に無視される傾向にある。明らかに、記紀は支配者の目線か
らの神話で、都合の悪いところは隠蔽するという傾向はあるようだが、
完全に隠し通すことはできないので、所々整合性に欠ける場面も当然出
てくるわけである。

『日本書紀』が編纂されてから13年後に出された『出雲国風土記』に
は、地元の神々、とりわけ「須佐之男命」の御子神と「大国主命」の御
子神が多数登場するが、須佐之男命自身の伝承は、次の四カ所（①〜
④）に散見される程度で、ごく簡単な記述しか現れないのである。須佐
之男命は、この地では「和（にぎ）魂」として、静かに隠居したかのよ
うな印象が強い。

　まず、①意宇郡の安来の郷：須佐之男命は詔（みことのり）して「ここ
にきて、我が心は安らかになった」と仰せられた。だから、この地を
「安来（やすき）」というと書かれている。次に、②飯石郡の須佐の郷で
は、須佐之男命は詔して「この国は小さい国だが、国として住むにはい

い所だ。だから、私の名を、木や石に付けるべきではない」と仰せられて、すなわち自分の御〔魂〕霊をここに鎮めておかれた。そうして直ちに大須佐田・小須佐田を定められた。だから須佐という。ここには正倉がある。一方、③大原の郡の御室山では、須佐之男命は御室を造らせ給うてお宿りになった。だから御室と言うと書かれている。非常に簡単な説明である。更に、④同じ大原の郡の佐世の郷では、古老の伝承として「須佐之男命は、佐世の木の葉を髪に刺して踊りを踊られた時に、刺していた佐世の木の葉が地面に落ちた」という記述があるが、まるで子供のような、無邪気な須佐之男命が、そこに鎮座している雰囲気である。いずれも神の名に従って地名ができたように書かれているが、これは逆で、地名が先にあって、その地元に生まれた神の名を、地名に因んで命名したと考える方が自然ではないか。

　このように、『出雲国風土記』における須佐之男命の存在感は、かなり弱々しく感じられる一方、以下に現れる七柱の御子神の特徴を見ると、須佐之男命の役割を代弁しているような雰囲気がある。まず、意宇郡の大草の郷に、須佐之男命の御子「青幡佐久佐丁壮命（あおはたさくさおとこのみこと）が鎮座しておられる」という記述があるが、この青幡佐久佐の意味として、その昔製鉄工が、火をよけるために「青い草の蓑」を着用したことに関連した名称であるとすると、想像が膨らむ。飯石郡の波多の小川の説明には「源は郡役所の西南二十四里のところにある志許斐山から出て、北に流れて須佐川に入る。**鉄がある**」という興味ある記述が見える。須佐之男命の「八岐の大蛇」伝説そのものが、当時のたたら製鉄の廃液で赤く染まった簸川（斐伊川）を大蛇に見立てた物語と重なるのである。また、大原郡の高麻山の所で、古老の言い伝えによれば、上記と同じ神「青幡佐久佐丁壮命」が「この山の上に麻をお蒔きになった」という記述がある。

　この伝承も、須佐之男命が、御子の「五十猛命」を引き連れて、新羅から持ち帰った木の種を全国に蒔いたという伝承と重なってくるのである。

第二章　記紀の神々の系図・再構築

　島根郡の山口の郷には、須佐之男命の御子「都留支日子命」が詔して、「私が治めている山の入り口であるぞ」と仰せられ、そこで山口という名を負わせ給うたとある。山の麓にある「山口神社」は、森林の管理や山口の水を司る神として知られている。現在では奈良県に多く分布する神社で、祭神には「須佐之男命」や「大山津見神」等が祀られている。また、同じ島根郡の方結（かたえ）の郷では、須佐之男命の御子「国忍別（くにおしわけの）命」が詔して、「私が領有している地は、国形宣し」と仰せられたとあるほか、秋鹿の郡の恵曇（えとも）の郷でも、須佐之男命の御子「磐坂日子命」が、同様な趣旨の詔をし「この処は国は若々しく結構な好いところである。地形はまるで画鞆（えとも）のごとくであることよ。私の宮はここに造ることにしよう」と言われ、更に同じ郡の多太の郷では、須佐之男命の御子「衝杵等而留比古（つきとをしるひこの）命」が国を巡って歩かれた時、「私の心は、明るく正しい心になった。私は、ここに鎮座しよう」と言われたとあり、いずれも父神と同様、満たされた心境を述べていることからすると、これらの地が、まるで理想郷のように見えてくる。

　最後に、須佐之男命の御子である二柱の姫神として、まず神門の郡の八野の郷に「八野若日女命」に対して、大穴持命が結婚をするための家屋を造らせたとあり、同じ郡の滑狭（なめさ）の郷におられた「和加須世理比売命」に、大穴持命が求婚しようと通われたとある。この和加須世理比売命は、『古事記』にも出てくる「須勢理毘売」に対応するようであるが、他の御子神は、記紀には全く見えない神々である。

　注目すべきは、意宇郡の賀茂の神戸のところで、大穴持命の御子である「阿遅須枳高日子根（あじすきたかひこねの）命」が記されており、葛城の加茂の社に鎮座していると書かれている。

　この神は、『古事記（上）』にも登場する神で、現在の奈良県御所市にある「高鴨神社」の祭神でもある。出雲の勢力が、葛城地区にも広がっていた一つの証拠である。この神は、仁多郡や楯縫郡、神門郡などに四回も登場してくる。この阿遅須枳高日子根命は、『古事記』によれば、

59

大国主命が宗像の奥津宮の「多紀理毘売命」と結ばれて生まれた御子で、「阿遅須枳」とは、鉄製の鋤を意味し、渡来系の「鉄の神」と解釈する説がある（参考：吉野裕『風土記　東洋文庫145』平凡社、1969）。

　影の薄い須佐之男命に比べて、大穴持命（大国主命）の存在感は大きい。『出雲国風土記』に記載されている九つの郡のうち、七つの郡に大穴持命は19回も登場するのである。例えば、楯縫の郡の出だしの部分には、楯縫とよぶわけとして、神魂 (かみむすびの) 神が詔して、「十分に足りそなわった天の日栖 (ひすみ) の宮の縦横の規模は、千尋もある長い真白いタク縄を使い、……（中略）……大神の住む広大な宮を造って差し上げよ」と命じられて、御子の「天御鳥命」を楯部として天下りさせたという記載がある。また、出雲郡の杵築の郷には、「八束水臣津野 (やつかみずおみつの) 命が国引きをし給うた後に、天の下をお造りになられた大神（大穴持命）の宮をお造り申し上げようとして、もろもろの国の皇神 (すめがみ) たちが宮を造る場所に参集して杵築 (きずき) なされた」とある。ところが、記紀の国譲りの伝承と必ずしも一致しない話が、意宇群の母里 (もり) の郷には出てくる。即ち、直接的な表現として「国譲り」はするものの、自らの立場をしっかり宣言している。大穴持命は、越の八口を平定されて帰られた時、長江山に行かれて言われるには「私がお造りして治める国は天照大神の子孫が、無事に世々お治めになる所としてお譲りしよう。ただ、八雲立つ出雲の国は、私が鎮座する国として、青い山を垣としてめぐらし、玉珍（霊魂）を置いて守ります」と述べているのである。この話は、『古事記』にある「天津神に国譲りする代償として、壮大な神殿を要求して、隠退する」という筋書きとは、かなり違っている。葦原の中国は譲っても、自分の出雲は譲れないという主張である。記紀の「国譲り」で天下りを命じたのは「高御産巣日神」であるが、前述の「楯縫の郡」の出だしの部分に引用したように、ここでは「神魂神（記：神御産巣日神）」が「大穴持命に広大な宮を造ってさしあげよ」と命令しているではないか。大穴持命の背後には、神魂神が控えていることを忘れてはならないのである。実際、『出

雲国風土記』の「神門の郡、朝山の郷」では、大穴持命が、神魂神の御子「真玉着玉之邑日女命」と結ばれているのである。この章の始めに指摘したように、『古事記』の中で語られる高御産巣日神と神産巣日神の役割を比較すると、前者は「高天原系の神話」に登場し、後者は「出雲系の神話」において指導的な役割をしていることを指摘したが、大和と出雲の関係を、単純に「天津神（征服者）と国津神（被征服者）」という視点から判断することは、正しい認識とは言えないのではないか。何故なら、通常大和朝廷側に征服された豪族たちが、自分の娘を后妃として朝廷側に差し出すという話はよくあることだが、大国主命の場合は、逆に邇邇芸命の祖父である高御産巣日神の娘「三穂津姫」を妻とし、神魂神の娘も妻に迎えているのである。一方、歴史的には、その存在が疑われている神武天皇だが、正妃として迎えた「媛蹈鞴五十鈴媛 (ひめたたらいすずひめの) 命」（紀・上）は事代主命の娘であるし、『古事記』でも、大物主命の娘「比売多々良伊須気余理比売 (ひめたたらいすけよりひめ)」を妃としている。第二代の「スイゼイ天皇」の妃も事代主命の娘であり、第四代「イトク天皇」は、事代主命の孫娘と結婚している。天津神と国津神との間で、娘のやり取りをするということは、両者はかなり対等に融合していたことを暗示しているのではないだろうか。

　さて、次頁の系図は、出雲国造家の系図の一部を抜粋して整理したもので、「天穂日命」が始祖となっており、この神は、父神の須佐之男命と母神の天照大御神の誓約によって生まれた御子である。国譲り神話では、高御産巣日神と天照大御神の命令で高天原から葦原中国へ派遣されたものの、３年経っても復命しなかった。天津神から国津神へ寝返ったのである。

　この系図で、天穂日命の孫神に相当し、本家である二世の「武夷鳥命」の御子、即ち三世の「伊佐我命」と分家した「**出雲建子命**」が登場している。この出雲建子命の子孫に相当するのが、『国造本紀』によれば、出雲臣の祖である「二井之宇賀諸忍之神狭 (ふいのうかもろおしのかみさの) 命」の10世の孫とされる「**兄多毛比** (えたもひの) **命**」で、第13代

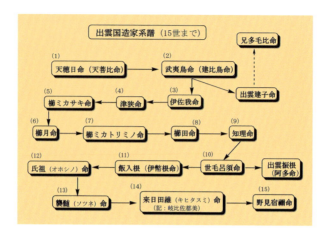

　成務天皇の代に武蔵国造に任命され、武蔵国一宮である氷川神社に出雲の神を奉じたとされる。この氷川神社は、荒川・多摩川領域に多く分布し、埼玉・東京（日暮里近辺）を中心に221社が集中して存在している。出雲族の勢力が、かなり古くから関東にまで進出していた証しと考えられる。

　出雲の神々を祀る神社は各地に存在するが、京都府亀岡市にある、元出雲と言われる「出雲大神宮」については、第五章で『徒然草』236段に現れる話題として紹介する。ここでは、章末に松江市八雲町熊野にある出雲国一の宮である「熊野大社」を取り上げておきたい。

　上記の系図に関連して、『日本書記』「崇神天皇60年の秋」の段では、出雲臣の先祖の「**出雲振根**」の管理する神宝について、興味深い逸話が出現する。出雲振根（阿多命）が筑紫に行っている留守の間に、弟の「**飯入根（伊幣根命）**」が、神宝を朝廷の要請に従って差し出してしまった事件である。この神宝というのは、天穂日命の御子である武夷鳥命（建比鳥命）が天からもたらしたもので、出雲大神の宮に納めたとある。これがきっかけで出雲振根は弟を殺すという事件に発展し、出雲振根も朝廷側の吉備津彦らによって誅殺されるという話が続く。更に進んで、出雲国造の祖先である14世の「来日田維（きひたすみ）命→(記：岐比佐

都美）」の話が、『古事記（中）』にも現れる。これは、垂仁天皇の御子「本牟智和気王（ほむちわけのみこ）」が、鬚が胸に届く年齢になっても口が利けない理由が、「出雲の大神（葦原色許男＝大国主命）の祟り」であると判断し、最終的には「出雲の大神」を参拝することにより問題を解決するという物語である。同じく、崇神天皇の御代に、疫病が流行して国民が絶滅しそうになった時、天皇は心配になり神意を問うために床につかれたところ、夢の中に大物主大神が現れて、「こは、我が御心なり。かれ、意富多々泥古（おほたたねこ）をもちて、我が前を祭らしめたまはば、神の気起こらず、国も安平（やすらけ）くあらむ」と仰せられたので、八方手を尽くし、河内国にその人を見出し、神主として三輪山（御諸山）に「大三輪大神」を祀ることによって、国内が平穏になったという伝承である。大和朝廷側が出雲の勢力を、内心では非常に恐れていたことを暗示していると思う。大神神社は、現在奈良県桜井市三輪に鎮座しているが、本殿はなく、背後にある三輪山が神奈備山（神体山）として控えており、山頂には古くから磐座（いわくら）信仰の象徴として、大物主神の奥津磐座が祀られている。

　奈良、京都、大阪には、由緒ある出雲系の神社が多数存在していることは、出雲王国の勢力が、この地域に古くから浸透していた証しでもあるが、その源流を辿れば、意宇川のかなり上流にある松江市八雲町熊野には、出雲国一の宮「熊野大社」が鎮座しており、この社（やしろ）を無視するわけにはいかない。意宇川の下流域には、意宇平野が広がっており、古代から開けた政治の中心であり、近辺には多くの遺跡や遺物が見つかっているのである。

　そこで、参拝した時の感想なども含め、以下にこの神社の歴史を振り返ってみたい。

熊野大社
（島根県松江市八雲町熊野2451）

『日本書紀』第37代斉明天皇の5年（659）の条に、次のような記載がある。

「この年、出雲国造に命じて神の宮（熊野大社）を修造させた」とあり、この斉明天皇の時代には、内外ともに重大な事件、例えば「蝦夷や隼人の服属」、「有間皇子（ありまのみこ）の殺害」、更に「百済の滅亡」など、事件が次々に発生している。

「宮の修造」とあるからには、創建はもっと昔のことかと想像される。『延喜式神名帳』の記録によると、出雲国には187社の神社があり、これは大和国286社や伊勢国253社についで三番目に多く、国幣大社とされるのは「熊野大社」と「杵築大社」の二社であった。『出雲国風土記』の「意宇郡出雲の神戸」によれば、祭神は「熊野加武呂乃（くまのかむろの）命」即ち「須佐之男命」と「大穴持命」の二神であるが、「出雲国造神賀詞（かむよごと）」には、「熊野大神櫛御気野（くしみけぬの）命」と「大穴持命」の二神が記されている。櫛御気野命とは、食物を司る神のことであり、須佐之男命の別名でもある。出雲国造が杵築の地へ移った後は、立場は逆転し、杵築大社の方が栄え、奥地の熊野大社が衰えるという構図が続いている。

更に、鎌倉時代になると杵築大社の領地は増大する反面、熊野大社の領地は減少傾向にあった。紀伊国に始まる「熊野信仰」が日本古来の「山岳信仰（修験道）」などと習合した影響も大きかったと考えられている。その信仰の中心は、「熊野三山」であり、平安時代から鎌倉時代にかけて、貴族や武士ばかりでなく庶民にも「蟻の熊野詣」として盛んになっていった。

従って、現在でも「熊野本宮大社」・「熊野速玉大社」・「熊野那智大社」の方が人気スポットとなり、出雲の熊野大社に詣でる人は確かに少なくなっている。

11月の下旬に参拝したときも、訪れる人が少ないだけに、時間が止まったような、静かで落ち着いた雰囲気は、なかなか味わえない厳粛な瞬間と感じた。和歌山県の「熊野本宮大社」と島根県の「熊野大社」の、どちらの歴史が古いのかは、決着はついていないが、熊野大社の古伝には、地元の炭焼き職人や神主らが紀伊国に分霊を移し、熊野本宮大

第二章　記紀の神々の系図・再構築

社に祀ったという伝承が記載されている。

　意宇川にまたがる赤い橋（右：八雲橋）を渡れば、堂々たる注連縄を渡した楼門が建っており、その先に立派な拝殿が構えている。

　その佇まいは、出雲大社とほとんど変わらず、堂々とした注連縄には、やはり迫力がある。島根県に鎮座する由緒ある神社としては、**佐太神社、揖夜神社、美保神社、八重垣神社、須賀神社、神魂**（かもす）**神社**などがあるが、いずれも神社全体の雰囲気が似ており、重量感に満ちた神社が多いのが特徴である。

　特に印象的であった神社として、山陰本線の「松江」の二つ手前の「揖屋駅」から近い「**揖夜神社**」は、夕刻近くに参拝したためか、不気味な雰囲気と共に、迫るような威圧感を感じたことがあったのを今でも思い出す。

参考図書

1）西宮一民校注『古事記　新潮日本古典集成』（新潮社、1979）
2）柿園聖三『歴史研究』**58**（3）、p. 54–61（2016）
3）西郷信綱『古事記注釈（第一巻）』（平凡社、1984）
4）松本信広『日本神話の研究』（平凡社、2003）
5）阿部正路監修『日本の神様を知る事典』（日本文芸社、1986）
6）山本明『地図と写真から見える！古事記・日本書紀』（西東社、2011）
7）石川倉二『古事記に隠された聖書の暗号』（たま出版、2009）
8）薗田稔・茂木栄監修『日本の神々の事典』（学研、1997）
9）川口謙二編著『日本の神様読み解き事典』（柏書房、2012）
10）歴史読本編集部編『歴史読本（古事記・日本書紀・風土記の神々）』（KADOKAWA/中経出版、2014）
11）門脇禎二『古代出雲』（講談社、2011）
12）荻原千鶴『出雲国風土記』（講談社、2014）
13）村田正志『出雲国造家文書』（清文堂出版、1993）
14）勝部昭『出雲国風土記と古代遺跡』（山川出版社、2007）
15）坂本勝監修『日本人の源流を探る　風土記』（青春出版社、2008）
16）村井康彦監修『出雲と大和　歴史の謎を解く』（宝島社、2015）
17）『熊野大社』（熊野大社崇敬会、2006）

近親婚（血族婚）の系譜
― 神話の世界から現代まで ―

『ギリシア神話』や『旧約聖書』、『古事記』の中には、血族の系譜を延々と叙述していく例があり、示された血縁関係を即座に頭に叩き込むのはかなり難しい。次の系図は、最も簡単な部類であるが、下段のような文章で表現すると、なかなかピンとこないかもしれない。系図を書けば一目瞭然である。

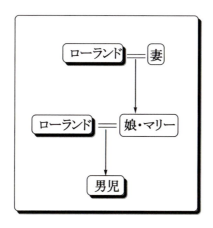

「ローランドという男がマリーという女と結婚し、男児を生んだが、その子の母がその子の祖母にもなり、その子の父がその子の義兄で、その子の姉がまたその子の母にあたる」

（南方熊楠「月下氷人」より）

第三章　近親婚（血族婚）の系譜

はじめに

　日本では「いとこ婚」は法律上認められているが、韓国のように禁止している国もあれば、アメリカのように約半数の州は認めていても、残りの半数は禁止している国もある一方、中東ではむしろ奨励している国があり、世はさまざまであり興味深い。

　神話の世界では、『**古事記**』や『**日本書紀**』に限らず『**ギリシア神話**』や『**旧約聖書**』をはじめ、中国の神話などでも、広く「**血族結婚**」（悪い言い方をすれば近親相姦）なるものがあちこちに存在する。「父と娘」、「母と息子」、「兄と妹（同母と異母）」、「姉と弟」、「おじと姪」、「おばと甥」、「いとこ同士」など様々な組み合わせがある。

　現代でも、このような事例が全くないわけではない。驚くべきニュースが2012年9月12日のインターネット上（**CNN.co.jp**）に掲載された。「夫は実父だった」という衝撃的な事実である。

　アメリカ、オハイオ州ドイレス町の**スプルイル**夫人（当時60歳）がこの事実を告白したのである。夫**ペルシー**が2004年に死亡してから6年後のことだった。彼女の母親は10代の頃、当時15歳であった父親の子供を生み、彼女は生後3カ月で祖父母に預けられ、祖父母を両親と思い込んで育ったという。父親のことは何も知らされることなく成長し、その後どういう経緯で二人が結婚したのかは書かれていない。何も知らされていないと、このような事件は何時でも起こりうるということである。

　実際、ドイツ、ザクセン州のライプチヒでは、実の兄と妹が結婚していることが2012年に発覚している。四人の子供がすでに生まれており、そのうち三人は障害を持っていることが報告されている。

　この事件も家庭崩壊のため、兄は養護施設に預けられた後、他の家庭の養子になり、家族がばらばらになったことが原因であった。兄は24歳の時、実母を捜し当て、2000年に8歳年下の妹に再会したことが事件の発端であった。結局、兄は懲役2年の実刑を受けることになったの

69

である。

日本でも似たようなケースはありそうだが、以下の話は未然に防がれた一例である。最近注目されている山口県仙崎生まれの童謡詩人「**金子みすゞ（本名：テル）**」という女性の話である。

幼いときに叔母（フジ）の養子に出されていた実の弟（正裕）から求婚されそうになったというエピソードがある。姉の「**みすゞ**」は母（ミチ）から弟のことは教えられていたけれど、叔母はそのことを隠していたのである。「**みすゞ**」の結婚話がでた時、姉を恋人のように慕っていた弟は猛烈に反対したようであるが、姉の説明で一件落着した。姉弟もやはり気が合うのかもしれない。

現在では世界的にタブー視されている近親婚も、古代エジプトの上流階級では、兄弟姉妹婚や父娘婚が一般的に行われていたのである。昔々のその昔をたどれば、人口も少なく、近くに交流する集団も非常に少ない状況では、「子孫を残さねばならない」という強い脅迫観念が根底にあり、また権力や財産の維持継承という観点からも、積極的に近親婚という族内婚を選択したことは大いに理解できる。

『旧約聖書』に出てくるロトとその娘たちの関係も、周りに適当な男性がいないことから起きた事例で、古い時代には起こりえたことなので、後知恵で非難することはできない。

ここでは、様々な神話の中で、特に『ギリシア神話』、『旧約聖書』『古事記』、『エジプト神話』等に記載されている近親婚を中心に、古代史や近現代史の中から、現実に起きた諸事例を参考に取り上げ、それらの背景を考察していきたい。

第三章　近親婚（血族婚）の系譜

1.『ギリシア神話』に見る「近親婚」の系譜

　金光仁三郎氏（『大地の神話』）が指摘されているように、人類の起源神話の共通因子として、①怪物退治、②豊饒神話、③近親相姦、④不具者の存在といった要素が、必ず観察されるという事である。中でも「近親相姦（インセスト）」とも言われる「近親婚（血族結婚）」は、『ギリシア神話』に限らず、『旧約聖書』や『古事記』にも顕著に見られる現象で、世界神話の中で特徴的な共通項でもある。

　ヒトに似せて八百万の神々を創造した『ギリシア神話』には、非常に多くの神々が登場するので、『古事記』以上にその系図の整理は困難である。しかし、「近親相姦」が頻繁に登場するのは、大地の女神「**ガイア**」が自ら生んだ息子「**ウラノス（天空の神）**」と交わって生み出したクロノスを中心とする「**ティタン神族**」と、次世代のゼウスを中心とする「**オリンポス神族**」の系図の中では非常に顕著である。他にも「テーバイ王家の悲劇」のように王位争いの中で、実父とも知らず父を殺し、母を妻とする「母子相姦」の悲話や「アトレウス王家の悲劇」での「父子相姦」なども散見されるが、ここでは上記二つの神族の系図（図3-1）を中心に話を進めたい。

　ガイア（母）と**ウラノス**（息子）が生み出す6柱の男神と6柱の女神の関係を見てみると三組が「同母兄妹婚」で、末子クロノスと姉レイアの組が「同母姉弟婚」であることが容易に判明する。示されている数字は、生まれた順番を示すもので、大洋を意味し、「水」の神でもある総領の「オケアノス」を先頭に「クロノス」が末席に位置している。

　クロノスと長女のレイアから生まれた末子の「**ゼウス**」は叔母「ムネモシュネ（記憶の女神）」とも結婚しており、9柱の詩歌の女神達（ミューズ）を生み出している。

　『ギリシア神話』の最高神であり、天界を支配する「**ゼウス**」は、この短い系統図の中で5回も登場してくるが、その他にも多数の女神（人間

71

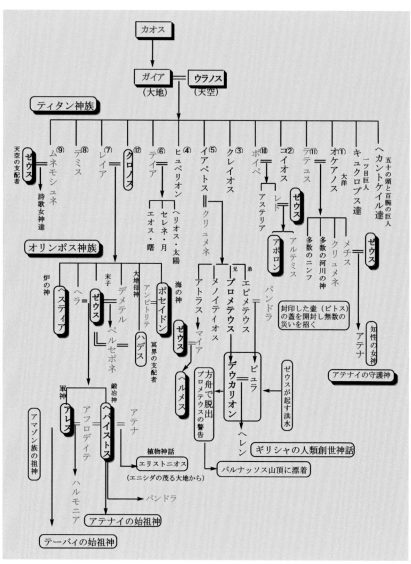

図3-1 『ギリシア神話』（ティタン神族とオリンポス神族）の系図

第三章　近親婚（血族婚）の系譜

を含む）と交わることにより、『ギリシア神話』は多彩に変化し、複雑化している。

「英雄色を好む」とよく言われるが、驚いたことに**「ゼウス」**は二人の姉「ヘラ」と「デメテル」と結婚（同母姉弟婚）している上に、娘の「ペルセポネ」にまで触手を伸ばしているのである。また、図3-1の右上方向に目を転じれば、「クロノス」の兄「コイオス」と姉「ポイペ」から生まれた娘「レト」とも結婚し「アポロン（太陽神）」と「アルテミス（月の女神）」を生んでいる。この組み合わせは「いとこ婚」に相当するが、「オケアノス」と「テテュス」の兄妹から生まれた「メチス（思慮の女神）」と結びついて「アテナ（知性の女神）」が生まれている。これも「いとこ婚」である。

　図3-1の中央付近に目を転じれば、ティタン神族五番目の神「イアペトス」は姪の「クリュメネ」と結婚し、「アトラス（天空を支える罰を与えられた神）」が生まれているが、その娘「マイア」と「ゼウス」が結びつき、「ヘルメス（盗み、商売、交通、道路、牧畜などの守護神、霊魂の導者や神々の伝令役など多彩な能力の持ち主）」が生まれてくるのである。『神統記』を読み進めていくとき、オリンポスの神々の統治者であるゼウスの宇宙秩序の世界のお話であることは理解できるが、登場する八百万の神々には頭を悩ます。

2. 『旧約聖書』に見る「近親婚」の事例

　イスラエル王国三代目のソロモン王は王妃としての妻700人、側室300人とも言われるほどの繁栄と栄華を誇っていた。周辺諸国との文化的、経済的交流と共に中央集権的絶対王政の下、国民は重税と徴用などで苦しむ一方、積極的外交政策として国際的な政略結婚（族外婚）を進めた結果、皮肉なことに、エジプトやヒッタイト、モアブ、アモンなどの諸外国の妻達の信仰を通して異教が入り込むという矛盾に直面した。父「ダビデ王」のように「主」に忠実ではなくなっていったことから、イスラエル12部族の結束も次第に緩んでいったとされる。時代を巻き戻して見ていくと、『旧約聖書』の「創世記」に見られる「アダム」と「イヴ」から始まる「イスラエル12部族」の誕生物語は、「主（ヤーフェ）」が強く望んだ「族内婚」の典型をみることができる。次頁の系図3-2を見ながら話を進める。

　創世記を再度読み直し、アブラハム前後の婚姻関係を注視していくと、四回続く「近親婚」を通して「血の純潔」を求めて多大な努力を傾注している。当時の人々の観念や世相を反映していると同時に、異教は排除したいという根源的な心理もよく伝わってくる。創世記の「**アダム**」と「**イヴ**」の話はよく知られている。**アダム**は「土」（ヘブライ語ではアダマ）から造られ、魂を入れられて男となり、**イヴ**はその**アダム**の「あばら骨」から生まれて女となり、二人は結ばれる。この二人の関係をどう見るべきか。「父と娘」の関係と考える人もあれば「兄と妹」と見なす人もいると思う。いずれにしろ近親婚である。世界の神話の中で、普遍的な共通項として、しばしば登場するのが「兄妹婚」なのである。

　『古事記』に現れるイザナギとイザナミとの兄妹婚では、二人の御子「水蛭子（ヒルコ）」と「淡島（アワシマ）」が生まれている。最初の「水蛭

第三章　近親婚（血族婚）の系譜

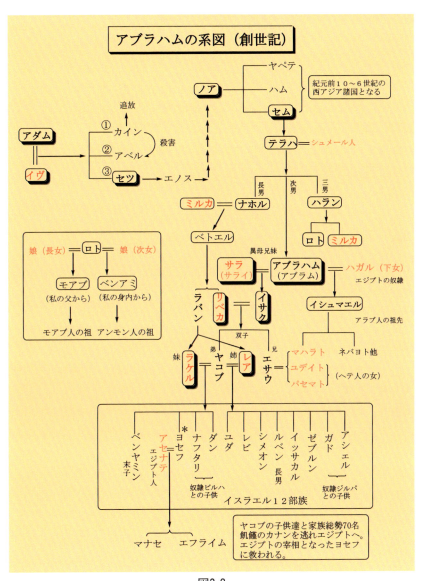

図3-2

子」は五体満足でない不具の子として、葦の舟に乗せられ、流し捨てられたと記載されている。次の「淡島」も、やはり不完全な子であったようだが、詳細は記載されてはいない。名前の通り、「はかなく淡い」意味と解釈できるが、二人とも子の数に含められずに消えている。『古事記』の時代あるいはそれ以前の古い時代においても、近親婚には弊害があり、まともな子供が生まれにくい現実を充分理解し、認識していた記述だと思う。一方、聖書の「**アダムとイヴ**」の場合は、生々しい現実的な話を意図的に避けて書かれているものと想像する。「カイン」と「アベル」の兄弟の悲劇のドラマに置き換えているのではないだろうか。いずれにしろ、『旧約聖書』のその後の物語からは二人は消されており、第三番目の子供「**セツ**」から『旧約聖書』の系図は展開されていく。セツから数えて九代目に「**ノア**」が出現するが、ノアの前の世代は名称だけが連続的に書かれているだけで、実態は不明である。

　セムから数えて、更に十代目の「**アブラハム**」（イスラエルの父祖）の前後から、その系図はかなりはっきりしてくる。図3-2に示されているように、「**テラハ**」を父親とする「**アブラハム（元の名はアブラム）**」には、兄の「**ナホル**」と弟の「**ハラン**」が存在する。

「**ハラン**」の娘には「**ミルカ**」がおり、その「**ミルカ**」が伯父の「**ナホル**」に嫁いでいるので「おじと姪」の関係に当たり、やはり「近親婚」である。「**アブラハム**」の妻は「**サラ（元の名はサライ）**」と書かれており、**アブラハム**は「私の妹です。父は同じですが、母は違います」と述べているので「異母兄妹婚」に該当する。

　それが真実であるとすれば、「**アブラハム**」には、少なくとも二人の母親が存在するはずであるが、創世記には「**テラハ**」の妻に関しては明確な記述は何もない。

　先に紹介した『ギリシア神話』では、「同母兄妹婚」が多数出現している。だが、さすがに時代が下る『旧約聖書』ではこの組み合わせを「タブー視」し、取り上げていないものと考えられる。

　結果として「**サラ**」は、神に祝福されて男児「**イサク**」を生んだので

ある。この「イサク」は父「アブラハム」の兄「ナホル」の孫娘「リベカ」と結婚している。血縁としては、少し離れたかに見えるが、いずれも「血族婚」への意識は非常に濃厚に感じられる。

「イサク」と「リベカ」には、双子の「エサウ」（赤くて毛深い兄）と「ヤコブ」（兄の踵をつかむ弟）が生まれ、二人は「長子権」を争う仲となった。

　最終的に「長子権」を獲得した「ヤコブ」は、母親の「リベカ」にも愛され、祖父「アブラハム」の血統を継ぐことになり、「リベカ」の兄「ラバン」の二人の娘「レア」（姉）と「ラケル」（妹）と結婚することになる。というのも、「イサク」は「ヤコブ」にきっぱりとこう述べているのだ。「カナンの娘の中から妻を迎えてはならない」と（創世記：28-1）。

「ヤコブ」の「姉妹連帯婚」には紆余曲折があるが、『古事記（上）』に出てくる天孫「ニニギノ命」と「木花之佐久夜毘売」、「岩長比売」との婚姻に関する伝承に酷似しているという説はよく出てくる（詳細は第二章）。結局、「ヤコブ」と「レア」・「ラケル」姉妹との結婚は「いとこ婚」ということになり、近親婚が意識的に続けられていたことは、創世記を読んでいくと明瞭に理解できる。

「ヤコブ」の兄「エサウ」がカナンのヘテ人の女（ユデイトおよびパセマト）と結婚したこと（創世記：26-34）に対して、「ヤコブ」や「リベカ」が露骨に嫌悪感を示したことから、「エサウ」は慌てて「アブラハム」の血筋を継ぐ「イシュマエル」の娘「マハラト」と結婚したという話（創世記：28-9）は、非常に示唆的であると思う。

　結局、「ヤコブ」の「姉妹連帯婚」や奴隷の女などから生まれた12人の子供達が、「イスラエル12部族」となって、それぞれ「南・北イスラエル王国」を築いていく。

「族内婚」でも「族外婚」でも、いずれにしろ「嫁」を出すということは、部族にとっては貴重な労働力を手放すことでもあり、見返りが必要である。「ヤコブ」は、「ラケル」を嫁にもらうという、その代償として

77

7年間も伯父の「ラバン」に仕えるという約束をしたものの、さらに姉の「レア」を無理やり押し付けられ、さらにもう7年間も働かされるのである。

　図3-2の左側の枠内には、もう一つ注目すべき「近親婚」が残っている。「ソドム」滅亡の際に、アブラハムの「甥」で、逃げ延びた「ロト」と二人の娘の話（創世記：19–30）である。

　二人の姉妹の間で「この地には、私達のところに来てくれる男はいないわ。父に葡萄酒を飲ませて彼と寝ましょう。父によって子孫を残しましょうよ」という衝撃的会話が交わされている。現代の我々にとっては、とんでもないことかもしれないが、大昔には充分ありえた話かもしれない。身ごもった姉妹には、それぞれ「モアブ」と「ベンアミ」という男児が生まれており、やがて「モアブ人」と「アンモン人」の祖となったと書かれている。

3.『古事記』等に見る「近親婚」の事例

『古事記』や『日本書紀』の神代の世界から天皇の時代にかけて、神々や天皇の系図を眺めていくと、明瞭に見えてくる事象と言えば、やはり「近親婚」である。「イザナギ・イザナミ」が出現する以前の神々の世界は、ある意味で観念的で象徴的な世界でもあり、特に「近親婚」という視点から議論すべきことでもないが、「イザナギ・イザナミ」以降は、まさに人間世界の具体的転写とも考えられ、現実の実像の反映と見なすことができる。権力機構の維持の観点から言えば「政略結婚」は避けて通れないので、様々な悲劇も生まれてくる。ただし「近親婚」といえども、その中に、ごく人間的で自然な恋愛感情も生じている場合も垣間見られるので注目していきたい。

『古事記』は「推古天皇」までであるが、それ以降68代「後一条天皇」までの天皇家の系譜に注目して話を進める。鎌倉時代以後は、近親婚の事例は急減している。

①同母兄妹婚

記紀神話には、直接「同母兄妹婚」というべきものは存在しないが、『古事記』の「崇神天皇」のくだりに、崇神天皇は「大毘古命」の娘「**御真津比売命**」を后としている事例がある（図3-3）。

実際「大毘古命」と「開化天皇」は兄弟なので、この結婚は「いとこ婚」に相当する。ところが、「開化天皇」の段では、「崇神天皇」（御真木入日子印恵命）と「**御真津比売命**」は「兄妹」と書かれている。後

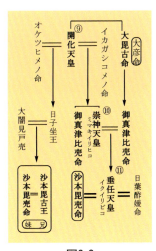

図3-3

者が正しいとなれば、これは「同母兄妹婚」になってしまう。著者のうっかりミスかもしれない。同母なら姫の名前は「**御真津比売命**」ではなく、「**御真木入比売**」にしなければならないはずなのである。

図3-4

　一方開化天皇の孫に相当する「**垂仁天皇**」のお后である「**沙本毘売命**」と実の兄「**沙本毘古王**」の関係（図3-3）は、直接的には「同母兄妹婚」とは言えないものの、一種の「近親相姦」的物語で不倫問題でもある。

　『古事記』の中では「叙情性の高い文学作品」として高く評価されているが、懐妊した子供（ホムチワケノ王）を「垂仁天皇」に託した「沙本毘売命」は兄と共に燃えさかる「稲城（イナキ）」の中で死を選んだ「兄妹心中」物語とも言える。

　19代「允恭天皇」の段では、4人の御子（図3-4）のうち王位を継ぐことが決まっていた長男の「木梨之軽王（キナシノカルノミコ）」が、「允恭天皇」の崩御後、こともあろうに実の妹「軽大郎女（カルノオオイラツメ）」と密通するという事件が起きている（『古事記〈下〉』）。

　二人の間には、多くの恋歌が詠まれており、先に述べた「サオヒコ・サオヒメ」物語と同様、美しくも悲しい恋物語として文学的には高く評価されているのだが。

　結局、兄の「木梨之軽王」は捕らえられ、四国の伊予に流される。その後を追った「軽大郎女」と共に心中するという物語である。『日本書紀』では、妹の方は伊予に流され、兄の方は群臣にも見放され、弟の「穴穂御子」（後の安康天皇）と対立し、兄は自害する筋書きが示されている（『日本書紀〈上〉』）。

　いずれにしろ上記二つの事例から言えることは、「同母兄妹婚」は、その当時でもかなり厳しい目で見られていたようだ。

②異母兄妹婚

「同母兄妹婚」に比べて、「異母兄妹婚」の方は、かなり事例も多く、その当時は**インセスト・タブー**とは全く認識していないように見える。現代でも、北欧のスウェーデンは、「異母兄妹婚」を合法として認めていることからすると、古い時代では全く違和感はなかったのかもしれない。

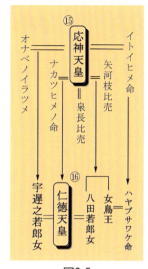

図3-5

(イ) 仁徳天皇の系図に見える例（図3-5）

応神天皇には、10人の后がいたが、その内の半分を省略した系図3-5を右に示してある。応神天皇の二番目の后である「中日売(ナカツヒメ)命」との間に生まれたのが「仁徳天皇」である。一方、四番目の后である「矢河枝比売(ヤカハエヒメ)」との間には、三柱の御子が生まれ、その内の二柱の皇女のうち「八田若郎女(ヤタノワキイラツメ)」を「仁徳天皇」は后としているので、この組み合わせは、明らかに「異母兄妹婚」である。

更に、「仁徳天皇」は、応神天皇と「オナベノイラツメ」の御子「宇遅之若郎女(ウジノワキイラツメ)」とも結婚しているので、ダブル「異母兄妹婚」になる。当時の結婚は「妻問婚」と言われているので、同じ家庭の中で一緒に育つ環境にはなかったと考えられる。従って、異母兄妹とは言え、他人と同じ感覚で接していたと想像する。

上記の図3-5には、もう一組「速総別王(はやぶさわけみこ)」と「女鳥王(めどりのみこ)」のカップルも見られる。これも「異母兄妹婚」である。この二人の結びつきは、なかなか面白いドラマになっている。「仁徳天皇」は、異母弟の「速総別王」に「女鳥王」を后に迎えたいということで、仲介を依頼したのだ。すでに姉の「八田若郎女」を后にしているのに、その妹も欲しいとは、

"随分欲が深い"とも言える。何故、異母弟の「速総別王」を仲人役に仕立てたのだろうか、これは全く理解に苦しむ話だ。案の定、この物語は、以後非常にこじれてくるのだ。

打診された「女鳥王」は答えて曰く。「大后の石之日売命（いわのひめ）の気性が激しく天皇は姉ともうまくいっていません。ですから私もお仕えできません。私はあなた様の妻になりましょう」と言ってすぐに「速総別王」と結婚してしまったと書かれている。「女鳥王」もなかなか気が強く、はっきり物を言う女性のようだ。更に、「速総別王」に向かって「あなたは隼（ハヤブサ）でしょう。あんな雀（さざき）（仁徳天皇の別名は大雀命（おおさざきのみこと））なんか取り殺してしまいなさい」とけしかけているのだ。「皇位を乗っ取ろう」という、大胆不敵で野心的な女性だ。

当然、怒り心頭に発した仁徳天皇は、軍勢を使い、険しい「倉梯山（くらはしやま）」を越えて逃げた二人を追いつめ、宇陀の曽爾（そに）で殺害している。これも実に悲劇的な物語だが、『古事記』の中でも、すこぶる印象的なドラマを形成していると思う。

㋺ 敏達天皇・推古天皇・用明天皇の系図に見える例（図3-6）

第29代欽明天皇には、4人の后がおり、そのうち3人が図3-6に示されている。第28代宣化天皇の娘「イシノヒメ」と結ばれた欽明天皇の皇子である敏達天皇は、同じく欽明天皇と蘇我稲目の娘との間に生まれた推古天皇を后に迎えているので「異母兄妹婚」である。一方、欽明天皇とやはり蘇我稲目の娘「小姉君」との間に生まれた「穴穂部間人皇女」は推古天皇の兄・用明天皇と結ばれているので、この組み合わせも「異母兄妹婚」である。更に、敏達天皇

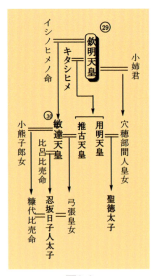

図3-6

第三章　近親婚（血族婚）の系譜

と比呂比売命から生まれた「忍坂日子人太子」は、敏達天皇と推古天皇の間に生まれた「弓張皇女」を后に迎えており、この夫婦も「異母兄妹婚」である。また、敏達天皇と小熊子郎女の間に生まれた「糠代（ヌカデ）比売命」も「忍坂日子人太子」に嫁いでいるので、ダブル異母兄妹婚になっており、異母兄妹婚が連続的に発生していることになる。敏達天皇の長男でありながら天皇にはならなかった「忍坂日子人太子」の存在は不思議だ。34代「舒明天皇」の父としか記載がないのは記紀ともども共通しており、どんな人物かは不明である。

(八) 桓武天皇の系図に見える例（図3-7）

『古事記』は33代推古天皇まで、『日本書紀』は41代持統天皇までで終わっている。近親婚は、平安時代前期まではかなり頻繁に存在する。以下、50代桓武天皇から70代後冷泉天皇までの系譜をたどってみた。45歳で皇位についた桓武天皇（在位：781-806年）は、渡来系（百済系）の帰化人「高野新笠」を母として、光仁天皇との間に生まれた皇子であるが、同じ天皇の后である井上内親王の御子「酒人内親王」を后としているので、これも典型的な「異母兄妹婚」ということになる。51代「平城天皇」以後の系図を見ていくと「異母兄妹婚」は完全に姿を消す。次項に示す「オジと姪」や「オバと甥」の間の近親婚は、26代「継体天皇」の頃から江戸時代前期の108代「後水尾天皇」までかなりの頻度で出現している。現代でも認められている「いとこ婚」も、かなり散見されるが、ここでは特に取り上げないことにする。以下の図3-8から図3-10までを眺めていくと、「藤原道長」の前後の時代は、きわめて顕著な政略的近親婚が集中的に現れてくるので興味深い。権力欲が露骨に現れた象徴的な「族内婚」といえる。

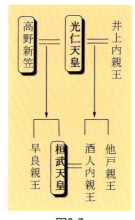

図3-7

③オジ＝姪：オバ＝甥の結婚

　第2代「綏靖天皇」から第9代「開化天皇」までは、その信憑性が疑われており、特に『古事記』の説明はきわめて簡単で「○○天皇」が、どこそこの「ミコト」を娶り、誰々を生み、その「稜」は、どこそこに祀られているという程度の記述しかない。第6代「考安天皇」のところでは、いきなり姪の「忍鹿比売命」を娶って「考霊天皇」を生んだとあるだけで、系図は不明である。そこでこの節では、系図3-8から、明確に読み取れる関係にある実例を選びながら話を進めていきたい。

　第34代「舒明天皇」も異母弟（兄）の「茅淳王」の娘である35代「皇極天皇」と結ばれている一方、36代「孝徳天皇」は、皇極天皇の娘「間人皇女」と結ばれているので、この組み合わせは「オジと姪」の典型例である。

　更に図3-8にはもう一例存在する。38代「天智天皇」の娘「持統天皇」と「天武天皇」の関係である。また、この図の中には示していないが、天智天皇は持統天皇を含めて4人もの娘を天武天皇に嫁がせているのである。即ち、全体で四組の「オジと姪」の婚姻が実現している。讃良皇女（持統天皇）の実の姉「太田皇女」は二番目で、三番手は、天智天皇と「橘娘（タチバナノイラツメ）」の間に生まれた「新田部皇女」で、四番目が「大江皇女」と言われ、「色夫古娘（シコブコノイラツメ）」と天智天皇の間に生まれた御子である。何故、このような政略結婚を実行したのか。結果は全く裏目に出ており、出家すると見せかけた天武天皇の皇位継承の野心に反撃され、実子の大友皇子は滅ぼされることになるのである。

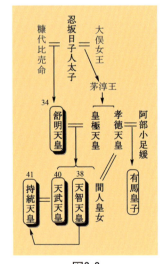

図3-8

第三章　近親婚（血族婚）の系譜

　日本の古代史上、最大の内乱と言われる「壬申の乱」の原因は、結局「皇位継承」の問題であり、4世紀以来続いていた「兄弟継承」の伝統を破り、「父子継承」に変えようとした天智天皇の方針転換が引き金であったと結論付けられている。大王から天皇への称号の変化は、天武の時代から始まったと一般的に認められているが、更に「日本」という国名が確定したことは、わが国が統一国家としての第一歩を踏み出した、非常に重要な転換期でもあったことになる。図3-9は「オバと甥」の婚姻関係を示した系図である。持統天皇が譲位した後に即位した軽王子（42代・文武天皇）に、藤原不比等は娘の藤原宮子を嫁がせ、生まれた皇子（聖武天皇）の后にも、更にもう一人の娘・光明子（後の光明皇后）を入れている。聖武天皇から見れば「オバ」にあたるわけで、以後藤原氏は天皇の姻戚としての地位を高めていく。藤原道長の系図3-10を見れば、更に一目瞭然である。4人の娘をすべて天皇家に嫁がせていることからも、藤原家と天皇家の濃厚な関係が手に取るように分かると思う。この図中に見える69代「後朱雀天皇」と「藤原嬉子」は「オバと甥」の関係にあたる。系図には示していないが、一条天皇の父である64代「円融天皇」は、藤原家の二人の娘と、63代「冷泉天皇」も藤原家の二人とダ

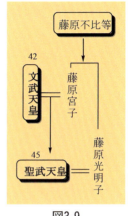

図3-9

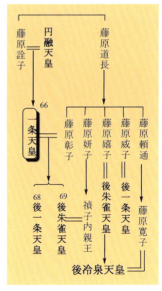

図3-10

85

ブル「いとこ婚」で結ばれている。以後の「オジと姪」の婚姻に関しては、江戸時代前期、第108代「後水尾天皇」が姪の「園国子」を后としている例以外は見当たらない。現代でも認められている「いとこ婚」の場合は、まだ数例散見されるが、ここでは特に話題としない（参考：『歴代天皇全史　万世一系を彩る君臨の血脈』〈学研、2005〉）。

4. エジプト神話と古代王朝期に見る近親婚の事例

　日本の歴史は長いといっても、紀元前3000年の歴史を誇る古代エジプト王朝時代に比べたら、問題にならないくらい短いとも言える。

　世界の神話を眺めると、天地創造は、ほとんどが混沌（カオス）という状態から始まっていると言える。シュメール神話やギリシア神話、北欧神話や日本神話もその範疇にあてはまる。

❏ヘリオポリス創世神話

　世界最古の創世神話の一つと見なされている「ヘリオポリス神話」では、暗黒の世界に**「神・ヌン」**しか存在せず、**「アトゥム」**が、自らの意志で「ヌン」から抜け出し、一柱の神として、〈原初の丘〉を生み出したと言われる。

　まるで『古事記』の最初に登場する、ひとり神としての「天之御中主神」に似ていなくもない神である。「天之御中主神」が、陰陽に分化した二柱の神：「高御産巣日神」と「神産巣日神」を生み出したように、**「アトゥム」**神は、自らの排泄物から、**「シュウ（男神）」**と**「テフヌト（女神）」**という二柱の男女（兄妹）の神を生み出している。また、「イザナギの神」と「イザナミの神」の場合と同様、この兄妹も夫婦となるのである。更に、この兄妹婚によって生まれたのが、大地の神**「ゲブ」**と天の女神**「ヌト」**の兄妹であり、同じく結ばれて、この夫婦は5柱の神々を誕生させている（図3-11）。

　兄妹婚が連続して三代にわたって続くのは、『ギリシア神話』も顔負けの話で、世界神話の中でも珍しい部類かもしれない。

　古代エジプトの町であるヘリオポリスとは、ギリシャ語で「太陽の町」という意味であり、現在のカイロ市の近辺とされている。太陽神

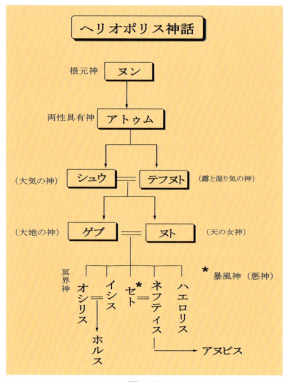

図3-11

（ラア）信仰の中心地でもあったようである。

　さて、神話というものは、ある意味で現実の転写とも考えられので、古代エジプト王朝時代では、どのような「近親婚」が執り行われていたのか気になるところである。

　どこの国でも、古い時代の情報の入手は困難であり、第10王朝期あたりまでの資料は少ないのは当然かもしれない。

　一般的に、第18王朝期とプトレマイオス朝に「近親婚」が特に目立つといわれているが、いったい古代エジプト王朝では、どの時代から「近親婚」が顕著に見いだされるのだろうか。

　実際、「大ピラミッド時代」と言われる第四王朝期にも、「近親婚」の

第三章　近親婚（血族婚）の系譜

事例をいくつか拾い出すことはできる。一例としては、スネフェル王と
后のステプヘルスとの間に生まれたクフ王は異母の妹（姉？）と結婚し
ている。また、クフ王の王子ジェデフレーが二人の姉妹（両方姉または
両方妹の可能性）と「同母兄妹（姉弟）婚」で結ばれていることであ
る。また、ジェデフレー王の兄（または弟）がジェデフレー王の娘を后
にしており、これは「オジと姪婚」に相当する。

　第5および第6王朝期にもかなり明確な系図はあるが、近親婚に該
当する事例は認められない。第7〜第10王朝期では、王の名前は不明
な部分が多く、情報も断片的である。第11王朝期になると、「同母兄妹
婚」が二例、更に第12王朝期には「異母兄妹婚」が二例認められる。
続く第13王朝期〜第16王朝期にかけては、異民族ヒクソス支配下の混
乱のためか情報は少ない。

　ところが、第17王朝期およびヒクソスをエジプトから完全に追い出
した第18王朝期に入ると、にわかに「近親婚」が顕著に増えてくる。
短い期間（36年）に、異母兄妹（姉弟）婚二例と同母兄妹（姉弟）婚
が三例見いだされる。しかも、同母兄妹（姉弟）婚が三代連続で行われ
ているのは、「ヘリオポリス神話」とそっくりで、『ギリシア神話』に負
けていない。

　この理由については、創世記のアブラハムの系図のところで説明した
ように、外部からの影響を排除するため、身内での権力基盤をさらに盤
石に固めようとする族内婚を意図的に選択したのかもしれない。

　タア1世の子「タア2世」は同母の妹（姉）を后にすると同時に、異
母の姉妹と連帯婚も実行しているのである。さらに、第18王朝では、
タア2世の子「アハホテブ1世」が同母の妹（姉）のネフェルトイリと
結婚しており、「タア2世」の孫である「アメンホテブ1世」も「同母
兄妹婚」である。

　一方、「タア2世」の別系統からの系図を見てみると、「トゥトモセ1
世」の子「トゥトモセ2世」も異母妹（姉）「ハトシェプスト」を后と
しているのである。

89

この流れは、まだまだ続き、「トゥトモセ２世」と「イセト」の子である「トゥトモセ３世」は、異母妹（姉）と結婚している。また、多数の側室がおり、后の特定はむずかしいが、その王子「アメンホテプ２世」が「ティアア」を后に迎えているのは、別系統の女性を選んでいるようであり、近親婚はここで一旦は途切れている。

　「アメンホテプ２世」の子「トゥトモセ４世」は、やはり同母の「イアレト」と結婚している。「アメンホテプ３世」には名前の分かっている５人の娘のうち、３人の娘と父親の関係を示す記念物が存在するようであるが、性的関係の有無については判然としない。

　「アメンホテプ３世」の次の「アクエンアテン」は異母の妹（姉）と結婚しており、この王朝期も近親結婚が濃厚に認められる。

　「アクエンアテン」の異様な風貌は、単なる病気が原因なのか、度重なる近親婚に起因する遺伝的疾患なのかは不明であるが、ツタンカーメン以後の第18王朝の家系は、すべて消滅している。

　更に、第19〜30王朝期を調べていくと、第19王朝と第22王朝期に「同母兄妹婚」が一例ずつ、第23王朝と第24王朝および第26王朝期に近親婚は見当たらないが、第25王朝には「異母兄妹婚」と「同母兄妹婚」が各一例ずつ認められる。

　面白いことに、ペルシャ支配下の第27王朝期の時も、エジプト神話「オシリスとイシス」の兄妹婚の伝統を尊重したのか、カンビュセス２世が同母姉妹と連帯婚で結ばれているほか、異母兄妹婚が一例、更に「オジと姪婚」が一例認められる。

　第28〜29王朝期は、いずれも短命で系図もない。第30王朝期には、エジプト最後のファラオの系図はあるが、やはり短命で特筆すべき事例はない。第31王朝期では再びペルシャの支配下に入るものの、やがてマケドニアのアレクサンドロス３世のとき、ペルシャを完全に駆逐したアルケアス王朝の登場となる。

　この王朝も短命で、近親婚に関しては、特記すべき事例はない。ところが、次のプトレマイオス王朝期に入ると、どういうわけか近親婚が急

第三章　近親婚（血族婚）の系譜

激に復活してくるのである。実際の系図は、かなり複雑で錯綜しており非常に読みにくいが、この王朝期には「クレオパトラ」が７名（１世〜７世）登場する。

　一般的に有名なのが「**クレオパトラ７世**」で、二人の弟「プトレマイオス13世および14世」と同母姉弟婚を実行した上に、プトレマイオス朝の内紛に介入した「カエサル（シーザー）」や、その後「アントニウス」の妻にもなっている。「クレオパトラ」に関連する近親婚が立て続けに登場し、紛らわしいので以下の一覧表にまとめてみた。「同母兄妹（姉弟）婚」、「オジと姪婚」、「オバと甥婚」など全部で12組もの近親婚の事例が認められる。280年間に12組という数は、先に述べた第17〜18王朝期に比べて決して多いわけでもない。

プトレマイオス王朝期の近親婚一覧

	王	王妃	血縁関係
1	プトレマイオス２世	アルシノエ１世	オジと姪
		アルシノエ２世	同母兄妹
2	プトレマイオス４世	アルシノエ３世	同母兄妹
3	プトレマイオス６世	クレオパトラ２世	同母兄妹
4	プトレマイオス８世	クレオパトラ２世	同母兄妹
		クレオパトラ３世	オジと姪
5	プトレマイオス９世	クレオパトラ４世、５世	同母兄妹
6	アンチオコス10世	クレオパトラ５世	オバと甥
7	プトレマイオス12世	（クレオパトラ５、６世？）	同母兄妹
8	プトレマイオス13世	**クレオパトラ７世**	同母姉弟
9	プトレマイオス14世	**クレオパトラ７世**	同母姉弟

　プトレマイオス王朝期は、初期のプトレマイオス３世の治世あたりまでは、平穏で安定した政治を行っていたかに見える。

　しかしながら、プトレマイオス４世以後は、肉親（親子、兄弟姉妹、オジと甥など）間の骨肉を争う血なまぐさい権力抗争の坩堝のようにな

91

る。即位1年もたたないプトレマイオス4世は、母ベレニケ2世と弟を殺害しているのだ。プトレマイオス6世と8世が、妹のクレオパトラ2世を妻としていることからも推察できるように、同時に二人の「エジプト王」が存在するという状況では、互いに反目することは目に見えている。

　結局兄のプトレマイオス6世が25年間安定的にエジプト王朝を支配したが、兄の死後プトレマイオス8世は姪のクレオパトラ3世を王妃に迎えて跡継ぎが生まれるや否や、甥のプトレマイオス7世を殺害してしまうのである。

　その後も血なまぐさい争いは続き、クレオパトラ7世の頃に悲劇が頂点に達することは、歴史の教えるところである。

５．スペイン・ハプスブルク家の悲劇

　近親結婚の弊害が、露骨に発現した例として「スペイン・ハプスブルク家」の事例を見ていく。

「ハプスブルク」という名称は、11世紀前半ライン河の上流に建てられていた「大鷹の城」（Habicht-Burg：ハピヒツブルク）が語源とされ、12世紀にその地を支配していた貴族が家名として「ハプスブルク家」を名乗ったのが始まりとされている。ライン河上流領域を支配するドイツの一小国「ハプスブルク家」が、いかにして中央ヨーロッパ（神聖ローマ帝国）を中心とした世界帝国を築いていったかは、歴史が教えてくれている。但し、この節で注目したいことは、ハプスブルク家の婚姻政策（政略結婚）にある。戦わずして領土を拡張するという巧妙な作戦は、ある程度成功したかに見えるものの、婚姻相手の範囲が宗教上の制約を含めて、極めて狭い範囲に限定されたための欠陥が露呈される。

　古代エジプト王朝期に、しばしば認められた「同母・異母兄妹婚」は見られないが、フェリペ（フィリップ）１世からの流れを見ていくと、カルロス１世（神聖ローマ帝国・カール５世）の娘「マリア」とカルロス１世の弟であるフェルジナンド１世の長男「マクシミリアン２世」との「いとこ婚」から始まり、フェリペ２世とオーストリア王女・アンヌとの「オジと姪婚」、更にフェリペ３世とオーストリア王女・マルガリータとの「いとこ婚」およびマルガリータの娘「マリア・アンナ」とフェルナンド３世との連続した「いとこ婚」が存在し、更に「マリア・アンナ」の娘「マリアーナ」（スペイン王女）が「マリア・アンナ」の兄であるフェリペ４世と「オジと姪婚」を繰り返している。

　５代継続した近親結婚により、最終的に**カルロス２世**に、形態的にも知的能力においても、その弊害が集中的に現れ、後継者を生む生殖能力にも欠けていたために、「お家断絶」が起こり、スペイン・ハプスブルク家の終焉を迎えるのである。一方、オーストリア・ハプスブルク家の

方は、「カルロス6世」以降も、特に顕著な遺伝的欠陥も表面に現れず1806年まで継続するのである。

　ところで、カルロス1世からカルロス2世に至る200年間の後半にかけては、フェリペ3世から4世あたりでも、明らかに遺伝的体質の劣化が顕著に始まっていたにもかかわらず、この間は「スペイン帝国」の黄金期であったことは皮肉である。

　但し、このスペイン・ハプスブルク家の鉄則であった「血の純潔」（**Limpieza de Sangre**）という発想は、異民族との混血によって「由緒正しい血や宗教」が汚染されることを恐れたためと言われている。

　このような発想は、イベリア半島ばかりでなく、スペインやポルトガルの植民地に至るまで拡大していくのである。後に、しばしば現れる「ユダヤ教徒やイスラム教徒への偏見や虐待」などに見られる「人種差別」や「宗教弾圧」へと発展していき、好ましくない心理状況が継続されつつ、帝国内に奥深く浸透していったことは間違いない。

　15世紀後半から17世紀後半にかけて、世界史的にも重要な様々な事件が起きていることも見逃せない。1492年イタリア生まれのコロンブス（スペイン名：クリストバル・コロン）がスペイン女王「イサベル1世」の支援のもとに新大陸を発見し、ポルトガル人のマゼラン等による世界一周（1522年）もあった。更に、1517年には、ルターの「宗教改革」をきっかけとする「旧教と新教」の対立が激化し、宗教戦争の絡んだ植民地戦争や国家間闘争、民族独立運動が相次いだ。スペインはもともと「カトリック帝国」であり、1549年日本にキリスト教をもたらしたスペイン人のザビエルはイエズス会士であった。1588年、スペインの「無敵艦隊」がイギリスに敗れたあたりから、ヨーロッパにおけるスペインの凋落が始まっていった。1618年に始まる「30年戦争」は、宗教戦争とも言われるが、ハプスブルク家の分裂を引き起こしていく。

第三章　近親婚（血族婚）の系譜

6．南方熊楠「月下氷人」に見る近親婚の事例

「知の巨人」とも奇才とも言われる博覧強記の人「南方熊楠（1867-1941）」は、近年「エコロジーの元祖」として、しばしば取り上げられることもあるが、本来は「粘菌の研究」が中心の植物学者で、明治の頃は日本よりもイギリスで著名な人物であった。旧制1高時代の同期生には正岡子規（1867-1902）や夏目漱石（1867-1916）がいた。粘菌の研究以外では多彩な民俗学的著作も多く、柳田国男の先輩格でもある。この南方熊楠大先生が、古今東西の込み入った近親婚の事例を噛み砕いて紹介してくれている話が非常に面白い。

『ギリシア神話』や『旧約聖書』あるいは『古事記』の中でも、血族の系譜を延々と叙述していく例が多く、書かれた血縁関係を即座に頭に叩き込むのはなかなか難しい。系図を逐次書きとめて読み直さないと、すんなりとは理解しにくい。

　第24代仁賢天皇の頃から、『古事記』の記事は非常に簡単になるが、対照的に『日本書紀』では歴史的事件の記載が詳しくなっていく。

　南方熊楠は、この『日本書紀』巻15に記された仁賢天皇6年秋のくだりの「日鷹の吉氏を高麗に遣わして巧手者（テヒト）を召す」という部分の内容を巧みに解説してくれている。通常の『日本書紀』の注釈書では、この部分の解説はなく、単に現代語訳を掲げているだけで味気ない。若干長くなるが、宇治谷孟訳（『日本書紀〈上〉』）を引用すると次のようになる。

　日鷹吉士が出発したあと、女が難波の御津で泣き声を上げて言うのに「私の母にとって兄（セ）であり、私にとっても夫（セ）である、やさしいわが夫は、ああ遠くへ行ってしまった」と。その泣き声がひどく悲しく、聞く人に断腸の思いをさせたので菱城の邑の人「鹿父（カカソ）」が、その理由を聞き出して了解した話の内容は以下のようである。「難波の玉造部鯽魚女（フナメ）が韓白水郎（カラマ）の『ハタケ』に嫁い

95

で哭女（ナクメ）を生んだのち、住道の人『山杵』に嫁いで『飽田女（アクタメ）』を生んだ。韓白水郎の『ハタケ』とその女（ムスメ）、哭女とは先年死んだ。『山杵』はさきに玉造部鮒魚女を犯し、『アラキ』を生んでいた。『アラキ』は『飽田女』を娶った。今回、『アラキ』は日鷹吉士に従って高麗に発った。それで、妻の『飽田女』は、這いずり回って、心迷い悲しんでいる」と。

　話は、それほど複雑ではないが、系図（3-12a）を書いてみれば、たやすく了解できると思う。

　一方、上記の話の前に熊楠が紹介しているイギリスの婚姻例（18世紀半ば）も、文章で示された場合、すぐには理解しにくい例である。系図（3-12b）に書き下ろせば、きわめて簡単な話になるのである。

　ロンドンの雑誌に投稿された実際の文章の内容は、以下のようである。

　「ローランドという男がマリーという女と結婚し、男児を生んだが、その子の母がその子の祖母にもなり、その子の父がその子の義兄で、その子の姉がまたその子の母にあたる」という記述がなされているものの、

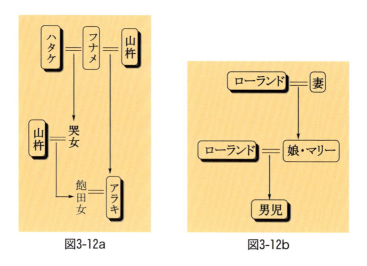

図3-12a　　　　　　　　図3-12b

第三章　近親婚（血族婚）の系譜

何とも分かりかねるという質問に対して、熊楠も同じ回答を用意していたが、先を越されて別の人物の発表が出てしまった。その人の説明はこうであった。「ローランドが、自分の娘・マリーを妻として男児を生んだ。即ち、その男児はローランドの子でも孫でもある。その男児の姉が母であり、祖父の妻ゆえ、祖母にも当たる。またその子の母がその子の姉で、姉の夫たるその子の父が、姉婿すなわち義兄だ」。系図で示せば簡単なことを、文章で表現するとなると、上記のように複雑なことになる。18世紀半ばでも、イギリスのような文明国にあって、まだこのような事例があったのである。熊楠の解説によると、家賃が高く、貧乏人世帯では一家が狭い一室に押し重なって住む例が多いために起こりうることだといい、日本でこのような事例が少ないのは、釈尊の制定した戒律を収めた「律蔵」における刑罰が、はなはだ恐ろしいもので、「近親相姦」は大焦熱地獄という無間地獄に落ちるという思想があったからであると解説している。古今の仏教書や転籍を引用しながら、次々と話を展開していく熊楠大先生の博覧強記には誰もついていけないところがある。話題が拡散しすぎて、時に「猥雑な話」にまで発展し、警察から罰金刑を食らったこともあると述懐している。

7．島崎藤村『新生』に見る「叔父と姪」の関係

　藤村の書いた実話小説『新生』は、当時の時世においてもかなりのスキャンダルであった。藤村の次兄「広助」が、自分の次女「こま子」と実弟「春樹」との関係を、漏れないように最大限苦心して隠していた「秘事」を、こともあろうに自ら暴露してしまった。

　3年間パリに隠遁していたはずの本人が、帰国後「懺悔」の気持ちで書こうとしたのか、その動機は誰にも分からない。

　「こま子」との関係を清算することなく、よりを戻してしまったことからすると、更に悪い状況を作りだしてしまったのである。

　芥川龍之介の言に従えば、彼は「偽善者」なのか。彼が若い頃「キリスト教」を捨てたのは、教え子への「恋愛感情」に対する「懺悔」の気持ちが根底にあったはずではなかったのか。「窮鼠猫をかむ」心境で、次兄からの金銭的な要求にも追い詰められた結果、大きな賭けを試みたのかもしれない。

　晩年に彼が書き上げた大作『夜明け前』の主人公「青山半蔵」は、自分の父「島崎正樹」をモデルにしたものとされている。

　明治維新前後の幕末の世相を背景に、歴史的事件を巧みに織り交ぜて書き上げられており、ビクトル・ユゴーの『レ・ミゼラブル』を若干彷彿させる書き方の小説である。父「正樹」は、50歳すぎあたりから、精神に異常をきたし、菩提寺に放火するなど、様々な奇行により家族の手にも負えなくなり、最後には「座敷牢」に閉じ込められるという顛末は、気の毒というほかない。また藤村の長姉「園子」も、同じような年頃に精神病を発病しているのが気にかかる。そこで、本節でも「島崎藤村家」の家系図を見ながら、この由緒ある家族に一体、何が起きていたのかを見ていきたい。

　藤村の父「正樹」は、島崎家17代で、馬籠を開拓した初代「重通」から数えれば約300年の歴史を誇る格式ある家柄の人であった。妻の

第三章　近親婚（血族婚）の系譜

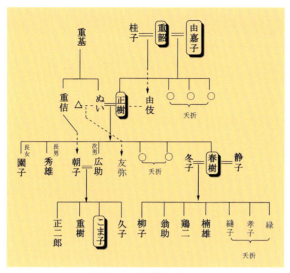

図3-13　島崎家系図
（『現代日本文学大系13巻』〈筑摩書房〉所収の系図をもとに作成）

「ぬい」も島崎の姓を名乗っていたことから推察すれば、親族関係は近いように見える。代々この時代は、どこでも狭い地域に「本家」や「分家」の親族が接近して暮らしていたはずで、密接な婚姻関係は避けられなかったはずである。

　島崎家の系図（上）に見えるように、父正樹の姉妹は３人とも夭折していることを考慮すると、正樹の両親はかなり近い親族関係にあった可能性が強い。正樹の６人の子供のうち２人も夭折しており、長姉「園子」が精神病を患い亡くなっていることや、藤村自身の家族も、３人の娘が夭折していることを考慮すれば、直接的には病気が原因とはいえ、遺伝的に弱い体質を受け継いでいるように見える。気にかかるのは、藤村と姪の「こま子」とのインセストばかりでなく、父「正樹」自身が異母妹「由伎」との性的関係が伝えられている上に、正樹の妻「ぬい」の不倫問題も横たわっているところを見ると、やはり遺伝的に好ましくない形質が、その底流に潜んでいたのかもしれない。

8.「いとこ婚」の功罪

　世界的に見ても「いとこ婚」を認めている国は多いが、禁止している国もあることは、先に指摘したところである。禁止している国々には、それなりの理由があるわけで、短いスパンで考えた時には、どちらが良い悪いという問題でもないかもしれない。ところが、スペイン・ハプスブルク家に見たように、代々近親結婚を繰り返した場合は明らかに異常な事態が生じてくるのである。それぞれの家系ばかりでなく、国家にとっても大きなリスクを伴うことは明白である。著者の親族や友人関係の「いとこ婚」を調べてみても、その結果はあまり好ましいものではなく、生まれてくる子ども達の過半数は短命であり、あまりよい結果は出てこない。

　以下に示す「いとこ婚」の事例は、英国の「Ｃ．Ｒ．ダーウィン家」と日本の「伊藤左千夫家」の場合である。どちらの家庭も子沢山であり、長寿を全うする人や社会的に活躍する人々が「Ｃ．Ｒ．ダーウィン家」には出ているものの、「伊藤左千夫家」の場合、短命で終わる子供がかなりの割合を占めているのが注目される。

①ダーウィンの家系 (図3-14)

　今でもキリスト教徒の中には、「進化論」なるものを認めない人々がいる。ダーウィンが「種の起源」を発表した当時は、それこそ「天動説」から「地動説」に突然変わったような、降ってわいた「パラダイムシフト」が起こったために、キリスト教社会では、大変な混乱をまき起こしたと言われる。「神が人間を創造した」という聖書の文面が否定されたからである。「神は不要」になったのである。実際、現代の我々にとって、「ビッグバン」や「進化論」がある限り、我々の外部に「神」を想定する必要はなくなったのである。内的な「神」または「神意識」

第三章　近親婚（血族婚）の系譜

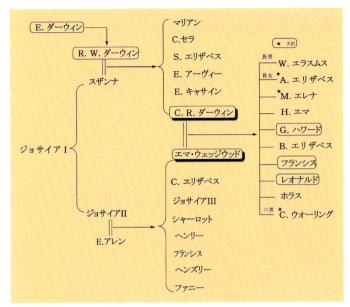

図3-14　ダーウィン家の系図
（『ダーウィンと家族の絆』〈白日社〉所収の系図をもとに作成）

そのものに関しては尊重すべきであり否定するものではない。
　ダーウィンの「種の起源」に関しては、まるで神話のように業績は定着しているように見えるが、その裏側を見れば、必ずしも手放しの賞賛が横たわっていたわけではない。歴史家の調査によれば、ダーウィンの前に「自然淘汰と進化」に関して先駆的な研究をしていた二人の博物学者がいたのである。一人は「エドワード・ブライス」で、もう一人は「アルフレッド・ラッセル・ウォレス」であった。どちらもイギリス人である。前者のブライスの初期の研究成果をダーウィンは、1842年と1844年の論文で出典も明記せずに引用したというよりも「丸写し」したと非難されている一方、後者のウォレス氏の論文に関しては、「種の起源について私とほとんど同じ結論に達した」と述べているものの、彼が自分より先行していた事実を無視し、先取権は自分にあるようにさま

101

ざまな工作をしたと非難されている。本来「ウォレス・ダーウィンの進化論」となるべきものが、単独の成果として独り歩きしたとされている。ただし、ブライスもウォレスも欲のない人で、ダーウィンと争ったというより、むしろダーウィンを尊敬していたようでもある。

　科学史上には、ダーウィン以外にもさまざまな疑惑が指摘されている著名な人々がいるが、「欲の無い人」より「欲の強い」人間が勝ち残っているという不条理は、現在といわず永遠に続いていくのかもしれない。

　さて、本節のテーマである「いとこ婚」に目を転じてみたい。ダーウィンの祖父「エドワード・ダーウィン」は著名な内科医兼植物学者でもあり詩人でもあった。父「ロバート・ダーウィン」も医師で実業家という名門の家庭に生まれ、何不自由ない環境で育っている。先に述べた二人の博物学者「ブライス」や「ウォレス」が貧乏な家庭に育ち、ほとんど独学で苦労しながら研鑽を積んだのとは雲泥の差がある。

　ダーウィンの妻「エマ」は、ダーウィンの母「スザンナ」の弟「ジョサイア2世」の娘であるので「いとこ婚」である。どちらも、当時としては最上流階級とも言うべき恵まれた環境に育っており、二人の間には六男四女という子宝が誕生している。15年間に10人というのは、かなりのハイペースで妻エマにとっては腹の休まる暇は少なかったと言える。ここで注目すべきことは、長女と次女および末子の3人は夭折している反面、他の7人は比較的長命であったことである。遺伝的には良い面が出ているようである。

　特に、次男の「ハワード・ダーウィン」は天文学者・数学者として名を成しており、三男の「フランシス・ダーウィン」は植物学者として、四男で93歳という長寿の「レオナルド・ダーウィン」は軍人および国会議員として活躍しており、3人とも「ナイト」の称号をいただいていることは御同慶の至りである。

第三章　近親婚（血族婚）の系譜

②伊藤左千夫の家系

　JR総武線「成東駅」から徒歩15分くらいのところに、「山武市歴史民俗資料館」がある。この資料館の二階展示室には、伊藤左千夫の遺品が展示されている。すぐ近くに「伊藤左千夫」の生家もある。市町村合併の前は、「成東町歴史民俗資料館」という名称であった。その時も一度訪れたことがあるが、その当時とは若干展示の様式が変わっていた。その当時は、伊藤左千夫の子供達の名称と生没年が、手書きで天井近くの壁に大きく墨書されていたことが非常に印象的であったのを覚えている。

　この章のテーマに「近親婚」を取り上げたきっかけは、その時の印象がきわめて強烈だったからである。

　伊藤左千夫（本名：幸次郎）は、四男九女という13人の子宝に恵まれたのだが、その内の６人が夭折（男子は全滅）していたのである。これは何かあると思い、二階の展示室をこまめに見ていく中で、伊藤左千夫と妻の「とく」は「いとこ婚」であることが表示されていた系図を見て納得したのである。

　現在の「山武市歴史民俗資料館」には、直接的な展示はないが、旧成東町歴史民俗資料館時代の資料なども参照しながら、伊藤左千夫家の系図（図3-15）を作成した。

　前記の「ダーウィン」の場合と若干異なり、伊藤家で顕著なことは、五女と六女（共に長寿）以外の４人（長女から四女）は、25歳から54歳という若さで皆死亡していることである。九女「文」は没年が不明になっている。よく「親より先に逝くのは親不孝」という言葉を聞かされたことがあるが、多くの子供達に先立たれた伊藤左千夫夫妻の心痛は、如何ばかりであったかと思うと察するに余りある。

　伊藤左千夫の父「良作」は、伊藤家の「くま」の先夫「今関登」が若死にしたため、後夫として藤崎家から養子に入っている。

　従って、全く血縁のない長男「廣太郎」と、次男で異母兄の「定吉」、

103

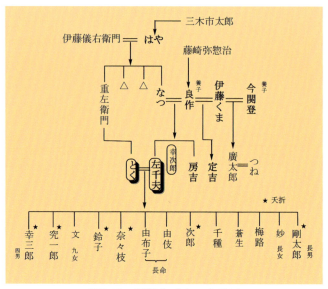

図3-15　伊藤左千夫・家系図
（山武市歴史民俗資料館資料をもとに作成）

　三男で実の兄「房吉」という複雑な家庭環境に育っている。その間の事情は、永塚功著『伊藤左千夫と成東』（笠間書院）に譲るとして、明治39年以後に発表された『野菊の墓』などの短編私小説について、若干個人的な見解を述べてみたい。
　処女作『野菊の墓』は、夏目漱石にも好評価され、後に映画化されるほどの人気を博した小説である。「政夫」と「いとこ」の関係にある、二つ年上の「民子」とが恋仲となったものの、周囲の反対にあい、嫌々他家に嫁がされた結果、民子が失意の中で亡くなるという悲恋物語である。伊藤左千夫の自叙伝的な物語といわれている。伊藤左千夫と妻「とく」は「いとこ婚」であるが、『野菊の墓』の「民子」のモデルは別人とされている。
　「政夫」と「民子」の関係を悲恋で終わらせるという結末を選択したのは、自ら選んだ「いとこ婚」という近親婚の中で生じた「子供達の

第三章　近親婚（血族婚）の系譜

夭折」という苦い体験が頭の片隅に残っていたためかもしれない。通俗的に言えば、「恋」をした結果「男女」が結ばれれば、その段階では「ハッピーエンド」となるわけである。恋愛と結婚は、別次元という冷静な判断は現実には起こりにくいかもしれないが、「ハッピーエンド」で終わらせるなら、ただの「メロドラマ」だ。

　近親婚ではないが、似たような筋書きの小説『隣の嫁』と『春の潮』という連結した小説の場合は、作者は「愛し合う二人（習作と隣の嫁：おとよ）」の恋を成就させる筋書きを選んでいる。養子に出された「習作」が「世間体」や「家の面目」や「義理」などというものを、一切振り払って、前夫と離縁した「おとよ」と結ばれる話である。『野菊の墓』の「民子」の場合とは対照的な結末である。

『野菊の墓』が幸せな「得恋」ではなく、結ばれることの無い「悲恋」だからこそ、ある意味で人々の心に強い余韻や残像を残したのかもしれない。

105

参考図書

1）矢崎節夫監修『金子みすゞ』（JULA 出版局、2005）

2）中村善也・中務哲郎共著『ギリシア神話』（岩波書店、1987）

3）ロバート・グレイヴズ（椋田直子訳）『抄訳・ギリシア神話』（PHP 研究所、2004）

4）ヘシオドス（廣川洋一訳）『神統記』（岩波書店、2006）

5）アポロドーロス（高津春繁訳）『ギリシア神話』（岩波書店、2008）

6）庄子大亮『世界を読み解くためのギリシア・ローマ神話入門』（河出書房新社、2016）

7）矢島文夫『エジプトの神話』（筑摩書房、1992）

8）ピーター・クレイトン（吉村作治監修・藤沢邦子訳）『ファラオ歴代誌』（創元社、1999）

9）ジョナサン・ディー（山本史郎・泰子訳）『図説エジプト神話物語』（原書房、2000）

10）エイダン・ドドソン他（池田裕訳）『エジプト歴代王朝史』（東洋書林、2012）

11）笈川博一『古代エジプト』（中央公論社、1990）

12）江村洋『ハプスブルク家』（講談社、2008）

13）加藤雅彦『図説ハプスブルク帝国』（河出書房新社、2006）

14）菊池良生『図解雑学・ハプスブルク家』（ナツメ社、2008）

15）R．ケインズ（渡辺政隆他訳）『ダーウィンと家族の絆』（白日社、2003）

16）A．C．ブラックマン（羽田節子・新妻昭夫訳）『ダーウィンに消された男』（朝日新聞社、1985）

17）『現代日本文学大系13　島崎藤村集』（筑摩書房、2000）

18）吉田敦彦『神話と近親相姦』（青土社、1993）

19）伊藤左千夫『野菊の墓・隣の嫁』（角川書店、1994）

罪意識の底流

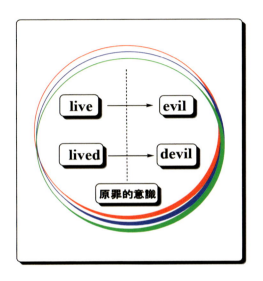

「仏教の精神は慈悲である。あらゆる生物に対する愛である。どうしてそれを殺して食べることが当然なのか」と問う宮沢賢治の言に共鳴される方もおられるかと思う。生きるためには、他の生命を犠牲にしなければならないという現実に後ろめたさを感ずる感覚は、「仏教的な原罪意識」ともいえるが、一体この罪意識は「禊や祓い」で消えるものだろうか。

「わたしの咎をことごとく洗い
　罪から清めてください」　　　旧約聖書・詩編（51章4節）

◎宗教から見えるもの

　天変地異や外敵、伝染病、飢餓など「死に直結する」さまざまな事象に対する古代人の恐怖感は、現代人には想像できないくらい圧倒的なものであったであろうと想像される。常に「死」に直面しながら生きていかざるをえない環境の中で、何を頼みにして生きていくべきかを、絶えず考えていたはずである。身近には、経験豊かな年長者が、それなりの判断力で家族なり集団を守るための知恵を働かさざるをえない場面にしばしば直面したことであろう。

　しかしながら、集団の首長といえども、自らの非力を自覚するなら、自然の脅威に対抗するために、何をしたであろうか。抵抗するすべの無い相手に対して、その背後に大いなる力を感得し恐れおののきながら、「祈り」を捧げるしかなかったのではないか。また、人間の側に何らかの「落ち度」があったと考えるならば、「神の怒り」を感じて、その償いとして何かを「貢ぐ」という行為に走ることは理解できる。その「祈り」や「貢ぐ」という集団的行事が定着していけば、当然その「祭りごと（政）」が、その集団を指導する「掟（規則）」にもなる。即ち、「祭政一致」の原則が生まれ、同時にそれが、集団をまとめる力となり、拘束力になっていく。古代にあっては、その中心は宗教（祭礼）であり、やがて集団を一定の枠で縛る「垣根」、言い換えれば「縄張り」という障壁を作り出すことにもなる。宗教とは、物理的な言い方をすれば、人間の「磁区」をそろえることにある。

「掟」という外部磁場の力が、縄張りという垣根の内部に作用し、集団の考えを一定方向にそろえる役割となる。その掟を破れば、必然的に「罪」や「罰」が発生することになる。

　原始的世界では、宗教的な罪も道徳的な罪も、犯罪としての罪も、明確な区別は無かったはずであるが、徐々に分化し多様化していったのである。

　世界の宗教を概観していくと、興味深いことに、「罪意識」といえども、かなりの濃淡があり、多様であることに気づく。拘束力を強化しな

ければ、まとまり難い集団では、「磁区」を揃えるために、当然その外部磁場（戒律）は強くなり、そうでなければ、弱い「掟」ですますことになる。一般的に言えば、インドや中国、日本などの東洋で発生した宗教における「掟」は、かなり緩やかで、ユダヤ教やそれから派生したキリスト教、イスラームの場合は、その「掟」もかなり厳しいものがあり、罪に対する罰の意識も多様である。

　そこで、この章では、教典も教祖もなく、「罪」という概念もかなり漠然とした、宗教というよりも風俗・習慣に限りなく近い信仰「神道」から話を進めていくことにする。日本語では「罪」という言葉でしか表現しようのない内容でも、『旧約聖書』（ユダヤ教の聖典）になると30種以上もの「罪」の表現が出現し、「678」カ所に「罪」に関する文言が出現するのは驚きであり、日本人にはなかなか理解しがたい部分である。

　宗教を、「一神教」とか「多神教」という単純な枠組みで区別することは、妥当とは言えないが、創造（造物）主を想定する場合とそうでない場合とでは、罪の意識は明瞭に違ってくる。

　「一神教」に比べて「多神教」は進化の遅れた「原始宗教」で、「一神教」の方が優れていると断言する俗説があるが、過去の宗教戦争の数々を検証していけば、そのような「優劣論」は無意味であり、妥当な議論とは言えないことがわかるであろう。もし多神教から一神教への変化を進化と言うなら、最終的には、無神教に到達しなければならなくなるのである。

　物理学者のホーキング博士の言うように、ビックバンと進化論を受け入れるなら「造物主」は不要になるのである。「造物主」という概念は不要でも、［something great］という考え方は、我々の意識の中に最後まで残る可能性はある。これから議論する世界の宗教の中で、「神道」は世界宗教ではないと反発する人があるかもしれない。以下に議論する「罪の意識」に関しても、「神の意識」にしても、神道の概念は、かなり漠然としている部分はあるが、［something great］という概念は神道の「神」の中にもあることは確かである。

第四章　罪意識の底流

1.　神　　道

　仏教が日本に伝達されたのは、第30代敏達天皇の時、6世紀の前半とされている。この時代は、「物部氏」の勢力がまだ強かった時代であり、天皇は「仏法を信じられなくて、文章や史学を愛された」（『日本書紀〈下〉』）と記載されている。また、蘇我稲目の娘である母を持つ、第31代用明天皇の時代になると「天皇は、仏法を信じられ、神道を尊ばれた」と、微妙に表現が変化してくるが、初めて「神道」という言葉が現れる。崇仏派の蘇我氏の影響力が確実に浸透していることを示唆する表現だ。ところが、第36代孝徳天皇の時代には、「天皇は仏法を尊んで神々の祭りを軽んじられた」と激変する。しかも「生国魂神社の木を切られた」とも書いてある。また、第37代斉明天皇7年、天皇が朝倉橘広庭宮に移られた時、「朝倉社（あさくらのやしろ）の木を切り払って、この宮を造られたので、雷神が怒って御殿をこわした」という記載がある。この二人の天皇の事跡の中に、神道の概念を探るための重要なポイントが隠されていると思う。

「木を切る」という行為には、重要な意味が含まれている。古代から「森羅万象」に神（霊）が宿るという信仰は、遠く縄文時代にまで遡ると考えられるが、祖先の「霊」と共に、山や森、巨岩、巨木などは、特に信仰の対象になっていた。樹齢をへた「古木・老木」に対する「畏敬の念」は、並々ならぬものがあり、神の「依代（よりしろ）」として大切に扱われてきたはずである。安易に木を切るのはタブーなのである。青森県にある「三内丸山遺跡」に見られる「巨木遺構」や石川県能登町の「真脇遺跡」などに見られる、祭祀用に作られたと考えられる巨大な柱の遺跡などには、縄文人の思考の痕跡が残されているといえる。

　伊勢神宮の20年に一度行われる「式年遷宮」の祭事や、7年に一度執り行われる諏訪大社の「御柱祭り」からは、遠い古代の人々の息吹が感じられる。伊勢神宮の式年遷宮に関連する祭りなどの行事は複雑多様

111

で、30回以上にわたって実施される。古式豊かな「神事」をへて、平成25年10月には第62回目の遷宮が執り行われたことは記憶に新しい。遷宮にあたっての最初の神事としては、遷宮の八年前から始められる、用材（檜）を切り出す山の口の神への祈り（山口祭）が欠かせない。また、新正殿の床下に奉納する特別な柱（**心御柱**＝しんのみはしら）の用材を伐採するために、その木のもとの神を祀る「**木本祭**」などが継続して実施されるのである。

　一方、諏訪大社の「**御柱祭り**」の場合も、歴史は古く桓武天皇の時代（781〜806年）に遡るとされる。7年に一度の寅と申の年に、社殿の四隅に「**樅**（もみ）」の大木を建て替える祭りで、上社（前宮・本宮）および下社（春宮・秋宮）を合わせれば、全部で16本の柱を立てることになる。近隣の諏訪神社などでも、規模は小さいが「御柱祭り」が行われている。柳田国男が『日本の祭り』の中で指摘しているように、「御柱祭り」には古来の素朴な祭りの「原型」が保存されているという考えには同感できる。信州以外に、東北や関東、紀州や九州などにも、類似の祭りが残っていることを、柳田は指摘している。

　神道という言葉自体は、歴史的にそれほど古いものではなく、古代中国の「道教」などの影響とも言われているが、単なる「神の道」ではない。日本の神道は、人間を含めて「森羅万象」に、固有の「霊性」を認める、アニミズム的な原初形態を維持した信仰であるといえる。原初的だから「進化の遅れた宗教」という言い方は一神教的「偏見」で、日本固有の宗教と考えるのも問題が残る。教祖も教典らしきものもないので、宗教としての枠組（縄張り）を作らないことが最大の長所とも言える。あらゆる宗教を飲み込むことのできるのが「神道」である。

　常に「**穢れ**」を「**祓い**」、「**禊**」をして、現世を「**清く正しく生きる（清明である）**」こと、更に初詣や七五三などの行事や祭りに時として参加することにより、人々の深層心理に何気なく働きかけ、「潜在意識的」で「不可視的」な力を呼び起こすのが「神道」である。これこそが、日本固有の精神（直感）といえるものであり、「言挙げ」しないことが神

第四章　罪意識の底流

道の真髄である。仏教にいう「浄土思想」も、キリスト教の「原罪意識」や「個人の救済」という概念も存在しないのである。

　神の定義も、かなり広範で「アニミズム的」である。よく引き合いに出されるのが、江戸時代中期の本居宣長の「尋常ならず、優れて可畏（かしこ）きものを迦微（かみ）という」定義がある。超人的で不可思議な威力があり、畏敬し、畏怖すべき対象はすべて「カミ」なのである。海の神（ワダツミ）、山の神（ヤマツミ）、野の神（ノヅチ）、雷神（イカヅチ）などに見られる「**ミ**」や「**チ**」は、「霊」を意味している。また、「霊」は「タマ」とも読み、「**和御魂**（にきみたま）」および「**荒御魂**（あらみたま）」が「カミ」の特性なのである。虎や狼などの猛獣類や大蛇（オロチ）なども「カミ」の範疇に入れられている。実際、『万葉集』では「大蛇」を「カミ」と読ませている歌もあるくらいである。善悪、強弱などの区別も特にないのが特徴である。

２．神道における罪の概念：「天津罪」と「国津罪」

　天照大御神と須佐之男命との「誓約（うけひ）」の結果、須佐之男命は「自分は誓約に勝ったのだ」と一方的に宣言して、天照大御神の所有する田の畔を壊したり、田の溝を埋めたり、神殿に糞を撒き散らすなどの様々な悪行を重ねたことは、記紀に詳しく書かれている。やがてこの穢れた悪行（罪）のため、須佐之男命は邪神として「高天原」から追放されることになる。

『延喜式神名帳』の中の「大祓の祝詞（のりと）」には、「天津罪」として須佐之男命の乱行に相当する、次の八つの罪が具体的に挙げられている。(1)畔放（あはなち）、(2)溝埋、(3)樋放（ひはなち）、(4)頻蒔（しきまき）、(5)串刺、(6)生剥、(7)逆剥、(8)屎戸（くそへ）。前半の五つの罪は、農耕に関する妨害行為に相当し、特に(5)は田の泥中に尖った杭などを埋め込んで農作業を妨害する行為である。(6)と(7)は生贄などに供される、動物への残酷な行為の禁止事項と考えられる。また、(8)は、神聖な場所を汚す行為であり、いずれにしろ「高天原」という聖なる場所での「祀りごと」への冒涜行為として理解できる。

　一方、「国津罪」としては、14項目にわたる具体例が示されているが、遺伝的疾患や自然災害などの「災い」も罪の中に含めているのは、「災い」を招いた人間の側の罪が原因であるという発想があるようで、道教的な思考の影響とも考えられる。重複する罪も列挙されており、近親相姦や獣姦などの罪が５種類挙げられている。昔から、このような異常性欲にまつわる犯罪も現実にあったわけである。「国津罪」を罪の性質ごとに分類し、分かりやすく整理すれば、次の５項目にまとめられる。(1)傷害（致死を含む）の罪：生膚断（いきはだたち）、死膚断（しにはだたち）、(2)外見上の異常：白人（しらびと）、胡久美（ハンセン病などの悪性疾患）、(3)近親相姦や獣姦、(4)日常的に起こりうる災い：昆虫災、高津神（落

第四章　罪意識の底流

雷）の災、高津鳥の災、(5)呪いによる災い：畜仆（けものたふし）、蠱物為罪（まじものするつみ）。

　いずれにしろ、現代の我々の罪意識とは、かけ離れた感覚がそこに横たわっている。人為的・道徳的な罪以外に、「穢れ」に近い(2)や(4)などの外的・受動的要因まで含めているのは、人が忌み嫌うことにも、すべて「罪」の意識が先験的に組み込まれているのである。「罪と穢れ」の間には、明確な区別はない。そこで、以下には「穢れ」というものと、その穢れを肉体と精神から取り除く「祓え」と「禊」を中心に、考察していきたい。

3. 「穢れ」と「禊」と「祓え」

　「穢れ」と「禊」、「祓え」に関する「記紀」の中の物語は、ほぼ共通している。先に述べたように、イザナミの住む黄泉の国へ妻を慕って訪ねたときのイザナギの行動こそ、本題のテーマをよく説明している。変わり果てた妻の姿にイザナギは驚愕し、恐れおののきながら逃げ帰る時、身につけていた諸々のもの（杖、帯、袋、上着、袴、冠、装身具など）を投げ捨てた。「身につけていたものを取り去る」という行為は、言い換えれば、**「身を削ぐ」**ことになるので、第一段階にあたる「禊」を表現している。「なんと汚らわしい国に行ったことだ。身を清め禊をしなければ」と筑紫の日向の橘の小門の阿波岐原にたどり着くのだ。

　第二段階の「禊」とは、「水の霊」による本格的な「禊」である。まず「黄泉の国」で取りつかれた「穢れの二神」の「禍」を水でそぎ落としてから、「神直し」のために「カムナホビ、オオナホビおよびイヅノメの三柱の神」を化成させ、手の込んだ手順の後に、「住吉三神」の神々を生んだ後、最後に本命として登場するのは、よく知られた「三貴子」として、「天照大御神」、「月読命」そして「須佐之男命」なのである。その「須佐之男命」が「天の岩屋戸神話」で語られるように、上記の「天津罪」を犯した結果、「罪や穢れ」をもたらす邪神（荒御魂）として、数々の「贖罪」を科せられ、また「髭と手足の爪をはがされる」という「祓え」をされた後、高天原から追放される。「罪」に対する「罰」という概念も、すでに登場している。注目すべきことは、「須佐之男命」が「罪の祓え」によって、やがて「和御魂」として出雲で復活するという話が続くのである。

　時に荒れ狂い、時に恵みをもたらす「自然」そのものに「荒御魂と和御魂」という両面を意識するのが神道であり、非常に重要な概念を提供する。

　そこで、より具体的に「穢れ」というものを検証し、それに対する

第四章　罪意識の底流

「祓え」の意識を見ていきたい。「穢れ」の基本となるものは、「死の穢れ（死穢）」と「出産の穢れ（産穢）」で、家畜の場合も例外ではない。「死体」の腐乱などから発生する「穢気（えげ）」や「出産」や「月経」による「出血」も「忌み」の対象なのである。「穢気」の伝染を防ぐために、種々の「忌み」の期間が、程度に応じて、それぞれ30日、20日、10日などと段階的に規定されている。その他の穢れとしては、「失火穢」、「殺人穢」、「喫肉穢」等も存在する。

「保食（うけもち）神」が、口から吐き出した物を「月夜見尊」に献上したため、「汚いことをする」と月夜見尊が怒り、「保食神」を殺してしまう話（『日本書紀』：神代）や、『古事記（上）』の「大気都比売神」が、鼻や口や尻から出した食物を「須佐之男命」に差し出して殺されるという同類の話がある。「保食神」や「大気都比売神」の死体からは、様々な作物が化成し、穀物起源神話の一つにもなっている。「保食神」も「大気都比売神」も「死と再生」という二元的意味を含んでおり、実際は「穢れ」の対象とはなっていない復活の「神」なのである。

「穢れ」を祓うということは、「浄化」という行為を意味しており、「穢れ」＝「悪」＝「災い」でもあるので、それらを取り除いて、正常（原点）に戻し、かつ幸運をもたらすという意味を含んでいる。一般的に、「お祓い」と言えば、「心を清める」ことであり、「禊」は「身体を清める」ことの意味合いが強い。「お祓い」の手段としては、「水」、「火」、「塩」、「幣（ぬさ）」などが用いられる。「禊」は、「川」や「海」や「滝」の中に入り体に水を浴びせて、身を清める形態が多い。火による浄化法としての「お祓い」の典型としては、古くから知られている「火祭り」などが挙げられる。熊野那智大社や京都の鞍馬神社などは有名であるが、各地に「火祭り」があり、「火煙」や「火の粉」で身を清めるのである。塩は、米や水と同様で「神饌」として、榊などと共に神棚に供えるが、「清めの塩」としては、葬式の後や相撲で土俵を清める際に用いられる。相撲は、もともと「神前相撲」として行われていたものであるから、一種の神事と考えれば当然かもしれない。前の取り組みの「穢れ」を取り

117

除いて、元に戻す意味と考えられる。プロ野球などの場合の、チームの連敗が続くと「縁起が悪い」として、ダッグアウトの入り口などに「盛り塩」を置く行為は、料亭や寄席などでも見られ、神仏混交の意味もある。

　神社などで、神主が「御幣（幣束）」を用いて、穢れや罪悪、災いなどを「清め祓う」行事は、日常的に経験するが、祓えの道具として「身を撫で祓い捨てる」撫物（なでもの）を用いる場合がある。これは、一種の「形代」である。紙を切った人形（ひとがた）を用いて、身体をなでることにより、「災いを他に移す」意味があり、海や川に流されたり、焼かれたりする。

　また、6月30日の「夏越しの祓え」の道具として、神社境内に「茅の輪」（チガヤを束ねて大きな輪にしたもの）を置く場合がある。これを3回くぐって身を清める意味がある。室町時代以後に伝わる、「蘇民将来・巨旦将来」の伝承に基づくものと言われている。

　6月の「夏越しの祓え」とともに、12月31日に行われる「大祓」は、「年越しの祓え」とよばれ、多くの神社の恒例の神事となっている。その際、神主が「大祓詞（おおはらえのことば）」を読み上げる。大祓詞は、中臣氏（藤原氏）が、祭祀に唱えたことから、「中臣祓詞」とも呼ばれており、「須佐之男命」が高天原を追放される神話が原型と言われる。

　面白いことは、『延喜式神名帳』に収められている「大祓詞」には、川や海に流された「撫物」の行末が書かれているのである。水洗トイレで流したものの運命を、多くの人は気にしないであろうが、大祓詞には最終的な処理の仕方まで記してあるのが面白い。まず、川の瀬の「瀬織津比売」が海に持ち出し、そこにいる「速開都比売（はやあきつひめ）」にその穢れを渡し、更に「気吹戸（いぶきど）主」という男神が、その「穢れ」を根国・底国に吹き散らし、最後に「速佐須良比売」が、すべての罪・穢れを、更に遠方へ捨て去るというものである（参考：三橋健監修『日本の神々と神道』学習研究社）。まるで流れ作業のように、「罪と穢れ」を連続的に廃棄処理する神を用意するというアイデアは、すばらしいことではないか。

4. 『旧約聖書』(申命記・民数記・レビ記など)にある「穢れや祓え」との比較

「穢れ」や「禊および祓い」は、日本独特の習俗のようにも見えるが、古代イスラエルの風俗・習慣の中にも、よく似た事例があるので、比較のため以下に引用しておきたい。

古く日本でも、生理中の女性は、神事に参加することが許されなかったように、古代イスラエルでも、出産や月経に伴う「穢れ」として、次のような記載がある：「ある女が身ごもって男児（女児）を出産した場合、彼女は7日（14日）の間穢れる……」（レビ記：12章10〜17）。また、「彼女が月経で出血がある場合、彼女は7日間穢れる。彼女に触れたものはすべて夕方まで穢れる……」（レビ記：15章19）など、非常に具体的な説明がなされている。『延喜式神名帳』でも、出産による「穢れ」忌む日数は7日間としているが、男児と女児の区別は無い。また、先に述べた「国津罪」にある(1)に該当する記述と類似して、自分の体や死者を傷つけないこと（レビ記：19章28）や、(2)に相当するものとして、「外見上の異常」（重い皮膚病：ツァーラアト）がある場合は、祭司が「穢れている」と判断する記述（レビ記：13章1〜14）もある。また、(3)にある「近親相姦や獣姦など」に関連する記述（レビ記：18章6〜23）なども非常によく似ている。更に、(5)に関連する記述として、呪術などの禁止事項（申命記：18章11）などもある。

また、穢れを祓う方法として、罪に関わるすべてのものを「雄ヤギの頭」に押し付け、係の者の手で、その雄ヤギを人里離れた土地に運ぶというやり方（レビ記：16章21〜22）は、前述した「大祓詞」にあるように「撫物」を川や海に流すやり方に極めて似ている。「罪」を身体に付着した、一種の「物」として処理しようとする発想は共通しており大変興味深い。

イザナギが黄泉の国から逃げ出す際に、服などを投げ捨てたように、

創世記（35章2）には「お前たちが身につけている外国の神々を取り去り、身を清めて衣服をきかえなさい」とか、ゼカリア書（3章3〜4）にも「ヨシュアの穢れた服を脱がせ、晴れ着に変えて罪を取り去った」という内容の文章が出てくる一方、詩篇（51章4）には、「わたしの咎をことごとく洗い、罪から清めてください」という文言は、神道の「禊」や「祓い」とそっくりではないか。すべての罪を踏みつけて海に投げ捨てるという考え方（ミカ書：7章19）にも、かなりの類似性が認められる、これが単なる偶然の一致かどうか議論のある所である。

『新約聖書』の「使徒言行録（22-16）」にも、「……（中略）……その方の名を唱え、洗礼を受けて罪を洗い清めなさい」という表現があり、考え方は共通していると思う。

第四章　罪意識の底流

5．神道の歴史の流れ

　神道と呼ばれるようになる前の「古神道」とも言うべき日本古来の信
仰の原型は、狩猟採集の時代にもあったと想像されるが、縄文から弥生
時代にかけて「農耕稲作」という経済的地盤が確立してからは、血縁共
同体の営みとしての祖先（霊）崇拝は、かなり強くなったと思われる。
しかしながら、天変地異や害獣や昆虫などによって食物生産などに支障
をきたし、飢餓など、生命や安全を脅かす事態に直面した場合、人々は
何を頼りにするだろうか。災害の背後に、何か分からないが畏怖すべき
ものの影を感じて「祈り」を捧げるという行為に走るのではないか。雨
が降らなければ「雨乞いの祈り」を、伝染病のために死者が続出すれ
ば、必死に「薬草」を探したり、豊かな経験を持つ首長や霊力のありそ
うな人を選んで、「貢ぎ物」とともに、集団としての「祈り」や「呪い」
を試みるのではないか。恵みをもたらす山々や、そこにある巨岩、巨木
などを目印として祭祀を執り行うことにもなる。そのような祭祀跡や、
巨岩、巨木信仰、神奈備山は日本各地に散見される。聖なる山に「奥
宮」を祀り、麓の森には、集会場または斎場として、氏神や祖神を祀る
「社（聖域）」を作るようになったと考えられる。

　自然崇拝や祖先崇拝のもと、大豪族間で離合集散が進めば、やがて国
家形成への集約化が起こり、各部族の伝承も吸収されていく。結局、記
紀神話に記載されている、「国津神」の様々な伝承は、「天津神」側であ
る「大和朝廷」の神話の中に取り込まれたのだ。

　律令制度の下、大和朝廷は、国家組織を整備する中で祭祀を体系化
し、中央に「神祇官」を配置し、国家祭祀の統括をはかった。神祇官に
より全国の主要神社に対して、定期的に、「幣帛」を配布することによ
り、地方の神社を管理しようとした。しかしながら、8世紀に入ると、
諸有力氏の権力闘争や天災・天然痘などが相次ぐ中、社会不安が増大し
た。各地に「神宮寺」が神社の中に併設された。伊勢神宮、鹿島神宮、

121

気比神宮などである。神の祟りを「祓い清める」ことのできない神々が見放され、仏法による「神の救済」を求めたのだ。天平9（737）年には、大宰府を中心とする「天然痘」の大流行により、不比等の子「藤原四兄弟」が、相次いで死亡している。藤原不比等の孫にあたる聖武天皇は、対蝦夷の討伐ばかりでなく、天然痘という災難に加えて「藤原広嗣の乱」にも見舞われ、不安定な精神状態のまま、都を離れて転々とし、寺や仏像を造り、写経や読経をすることにより、政情不安や天災を逃れるべく、必死に国家鎮静を図ろうとした。741年には、各地に国分寺や国分尼寺を建て、743年には、大和国の総国分寺である「東大寺」に大仏を造ることを命じている。天皇が「仏法」に頼る状況は、聖武天皇の娘である第46代孝謙天皇＝第48代称徳天皇の時に、頂点に達する。孝謙天皇の「看病禅師」であった道鏡が皇位の継承を企てたことである。この「仏教偏重政策」を是正しようとしたのは、第49代光仁天皇の時であった。仏教は、伝来以後、勢力を拡大するにつれ、大衆レベルにも浸透し、神道の神々は仏や菩薩を守る「守護神」の立場に追い落とされていたのである。

　仏や菩薩が人々を救済するために神の姿をとって現れたという「本地垂迹説」が、10世紀ごろには確立される。仏教が神道を、完全に飲み込んだ形になっている。空海の真言密教と最澄の天台宗は、在来の神々を取り込み、それぞれの仏教体系を築いていった。一方、天皇の宗教的権威が強まるにつれ、伊勢外宮の神主達が、神を仏の本地とする「伊勢神道」の教義を築くが、吉田兼方に始まり吉田兼倶が完成させた「吉田神道」は、儒教、仏教、道教、陰陽道など様々な教説を融合させ、神産巣日神の御子である天児屋根命以後の直伝の本源的神道であることを強調し、伊勢神道の「神主仏従」を再展開し、神道の総本山である吉田神社の鎮座する吉田山には、宇宙の根源たる大元尊神（国常立尊＝天御中主神）が祀られたのである。これは、まさしく道教の神である。

　この吉田神道の流れを引き継いだのは、吉川惟足の「吉川神道」であるが、江戸時代の官学である「朱子学」の影響を受け、仏教的要素を排

第四章　罪意識の底流

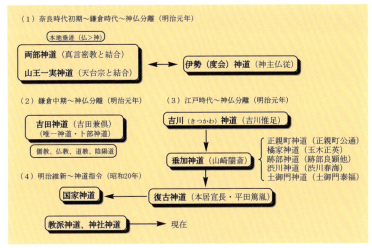

図4-1　神道の歴史的流れ

除していく。この世界は仏教のいう「空」や「無」ではなく、森羅万象はすべて「気」の働きの離合集散に過ぎないという「有」の世界観を朱子学は強調する。但し、「気」の働きは無秩序なものでなく、「理」という（理想・道理）と調和しなければならないとする。更に儒教的神道を集大成したのが、江戸初期の人・山崎闇斎である。朱子学が唱える「敬（聖人の理想的な心の状態）」の修業を加味し、人間も「天照大神」の徳義と一体になり、一心不乱に神を祈り、心身の清浄を保つべきという「神**垂**祈禱、冥**加**正直」という勅語に因み、「垂加神道」と命名したといわれる。わが国体は、神代から連綿と続く君臣の道は絶対不変で、君臣関係を人為で変えることを認めず、伊勢神道の教えを重視した。山崎闇斎は、6000人を超えると言われる、多数の弟子に恵まれ、没後、多くの弟子の教えが秘伝化され、様々な流派（図4-1）を生み一世を風靡したが、やがて国学・復古神道の隆盛と共に衰退した。

　中世以後、ある時は仏教、ある時は儒教や道教などと混交し、上記のような様々な流派を排出したが、国学の復古主義の台頭とともに原点に戻るべく、記紀を中心とする古典に基づき、日本固有の「惟神（かむな

123

がら）の道」を模索したのが「復古神道」である。明治維新の推進に多大な影響を及ぼした。

　明治維新後、新政府は、欧米列強の様々な圧力の中で、近代国家を確立するための富国強兵という強い意識の下、国体の原理ともいうべき政教分離の原則を掲げ、王政復古の号令のもとに、「神仏判然例」（明治元年）を強行し、「神道の国教化」を図った。廃藩置県や士農工商という身分制も廃止し、義務教育を実行したのも、国家統一のための一貫した政策であった。

　帝国憲法の下、「信教の自由」は保障され、キリスト教の布教が解禁されるのと並行して、布教する神道としての「教派神道」（13宗派）も公認されるようになるが、あくまでも「国家神道」の統制内のことであった。第二次世界大戦後、昭和20年のGHQによる「神道指令」により、「国家神道」は解体される。神道は自由化され、伝統的な「神社神道」、「教派神道」などをはじめとして、多くの神道系宗派も自由化され、現在に至っている。

第四章　罪意識の底流

6. 仏教と「罪」の概念

①仏教の基本的考え方

　神道の基本は「言挙げしない」ことに特徴があり、それに対して仏教は、徹底的に理屈を組み立てる宗教、言い換えれば哲学的で論理的な宗教とも言える。「造物主を信じろ」とか礼拝行為などを強制することなく、「煩悩」から来る苦しみからの「個人的解放」とか「悟り」に至る、目覚めの宗教である。目覚めた人「釈尊（仏陀）」が、苦しみから抜け出す「羅針盤」を人々に提示したのが仏教であるといえる。

　釈尊の教えの基本は、(1)諸行無常、(2)諸法無我、(3)一切皆苦という「三つの旗印（三法印）」である。諸行無常は、『平家物語』や『方丈記』の中にも見える。「行川の流れは絶えずして、しかも、元の水にあらず」と書かれているように、一般的にはよく理解されている文言である。二番目の「諸法無我」は、やはり「宮沢賢治」の『春と修羅』の中の文章：「わたくしという現象は、仮定された有機交流電燈の一つの青い照明です」を思い出す。確固不動の実体というものはないことを、法華経の信者「賢治」が自ら示している言葉である。「一切皆苦」は、文字そのまま「この世の一切が苦である」ということであるが、この「人間苦」を、輪廻の泥海から救い出す方法を釈迦が示しているのである。その考え方と道筋を次頁の図4-2にまとめてみたので、逐次検討していきたい。

　仏教では、我々の住む世界（此岸）は、煩悩に満ち溢れた世界で、その煩悩によって引き起こされる「業」（行為：身・口・意の三業）の積み重ねによって、善業は「楽果」を、悪業は「苦果」をもたらすとする。業の影響力は「三世」にわたって存続し、「解脱」に至らない間は「六道（地獄、餓鬼、畜生、阿修羅、人、天）」を輪廻転生し、その果報を受けることになる。仏教の「業」は、正しい行いは「解脱」につなが

125

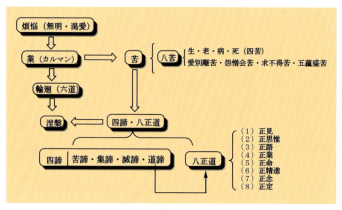

図4-2

り、誤った「業」は輪廻転生を果てしなく繰り返すことを教えているのである。六道輪廻の中で、最も上位にあるのは「天」であるが、その対極にある「地獄」は、地下深くあって「八大（熱）地獄」と言われ、その地獄も更に十六の「副地獄」という、とんでもなく絶望的な世界が待っている。恐らく、悪を懲らしめる意味で徹底的に恐怖感を植え付けているものと想像される。

　現実の人生は、「(四苦) 生・老・病・死」をはじめとして、様々な苦悩に取り囲まれており、どのようにしたら、これらの苦悩から人々を解放できるかという方法を編み出したのが釈尊であるという。その悟りの基本が「四諦（したい）八正道」というもので、医師の「処方箋」に相当するものと言われている。「四諦」は、「四聖諦」とも表現され、サンスクリット語の漢訳語で「真理」を意味している。最初の「苦諦」は、先に述べた「この世の一切が苦である」ということ、「集（じっ）諦」は、苦の根本原因が煩悩の「渇愛」であること、三番目の「滅諦」は、その「渇愛」を滅した状態が「涅槃」であること、最後の「道諦」は、涅槃に至るためには、「八正道」という道が開かれていることを釈尊は示している（図4-2）。

「誕生と死」、「出会いと別れ」など、人生の様々な瞬間に「喜び」とと

もに、「苦しみ」の種はどこにでも潜んでいるということ、人も世界も自然環境も絶えず変化してやまない以上、「自我（自己）」に執着していてはいけないことを、釈尊は教えている。執着を断つ正しい道、即ち「八つの正しい教え」こそ、人々を「涅槃」に導く道であるということである。

「八正道」の八つの教えを整理すれば、次の三つに分類される。(1)の「正見」と(2)の「正思惟（しょうしゆい）」は、いずれも「知」に属することであるが、「正見」は真理に基づいた「正しい」考え方を意味している。それでは、「正しい」とは何かといえば、それは「中道」を守ること、言い換えれば二元論的な対立を離れることにある。「正思惟」とは、「貪欲」、「怒り」および「愚かさ」から、心を正しい状態に保つことを意味している。中道的な「正見」が、他の七つの教えの基本となっている。(3)の「正語」、(4)の「正業」および(5)の「正命」は、いずれも倫理的行動に関するもので、(3)は「嘘をつく、悪口雑言する、二枚舌を使う、媚びへつらう」などから離れることを意味している。(4)は「殺生や盗みをせず、淫らなことをしない」などの三悪業から離れること、(5)は自分の行為を慎み、「少欲知足」を知り、煩悩から離れることを意味している。(6)、(7)、(8)は、いずれも「瞑想」に関係する教えとされ、(6)の「正精進」とは「戒律を守り、善と向き合い、悪を断つために絶えず精進する」ことを意味し、(7)の「正念」とは、「真理の教え（四諦）を忘れず、注意をおこたらず励むこと」であり、(8)の「正定」とは集中して心を鎮め、精神の統一をはかり、解脱に向かってひたすら努力することである。

しかしながら、上記のような考え方は、出家して長年「難行苦行」を積み重ねた釈迦のような聖者の「悟り」の道であって、一般人（凡夫）のなせる業ではない。すべての人が出家したら、この世（社会）はどうなるのか。そのようなことは、まず起こりえないとしても、仏教は、それに対する答えを用意していたのだろうか。もともと、出家者は生産活動に従事していないという最大の欠陥がある。生産活動を伴わない出家

者を扶養するためには、それなりの経済力がなければならない。他者に依存した修行というものは、本当に「悟り」の道に近いのだろうかという根本的な疑問は誰でも抱く。江戸時代後期の禅僧（曹洞宗）で歌人の「良寛」は、出家後、人々の「お布施」で生きる自分を「乞食坊主」と卑下していた。

釈尊は言っている。「妻子を伴う家庭生活、即ち在家生活は煩いである。妻子に対する情愛や、財産の維持・獲得などの欲望、職業や地位による制約などに縛られ息苦しい」と。

となると、出家者の役割は何かという問題にぶつかる。「良寛」が、人々に好かれたのは、その人柄ばかりでなく、和歌や漢詩などを通して周囲の人々に好ましい感化を与えたからであると思う。出家者は、在家者からお布施をいただく代わりに、修行でえた知恵を用いて、在家の人々の迷いや悩みを軽減し、生きる力を与えることで相互扶助の関係になることである。出家者が増えてくれば、当然集団としての人間関係が生じ、守るべき「戒律」が必要となる。

②仏教における「罪（ざい）」

仏教関係の宗教辞典は、かなりの数が出版されているにもかかわらず、まともに「罪（ざい）」という項目を扱っている辞典がきわめて少ないのには驚く。「罪（つみ）」で調べても同様であるが、比較的新しい『世界宗教用語大事典』（須藤隆仙、新人物往来社）の定義（395頁）に従うと「苦を招く悪い行為を罪といい、その行為が『悪業』であり、その報いを『罪報』という。よい結果を生み出す修行を妨げるので『罪障』ともいう。その根深い根源を『罪根』という。本質的に悪い重罪を『性罪』という。それ以外の教団の規律を乱すことを『遮罪』という」と書かれている。罪を防ぐために戒律が説かれ、減罪の方法として、懺悔が教えられる。

色々難しい言葉を捻り出すのが仏教であるが、上記の「悪い行為」と

第四章　罪意識の底流

は一体何か、その意味を探るため以下順次検証していきたい。

　人間集団ができれば、出家者も在家者も関係なく、全体の「行動規範」や「掟」が生まれるのは当然で、勝手な振る舞いはできなくなる。「戒律」を破れば「罪」が発生し、それに対する「罰」も生じてくる。個人の守るべき戒律として、不殺生・不偸盗（ふちゅうとう）・不邪淫・不妄語・不飲酒の五戒がある。あらゆる生き物を殺さないこと、盗まないこと、異性とのよこしまな交わりをしないこと、嘘をつかないこと、酒を飲まないことなどである。この五戒を更に広げた戒めとして、「十善戒」なるものが存在する。京都市右京区太秦にある広隆寺には、この十善戒が掲示されている：⑴不殺生、⑵不偸盗、⑶不邪淫、⑷不妄語、⑸不綺語、⑹不悪口、⑺不両舌、⑻不慳貪（ふけんどん）、⑼不瞋恚（ふしんに）、⑽不邪見である。五戒の中の飲酒に関する戒めは抜け、その代わりに⑷に不妄語（嘘をつかない）、⑸に不綺語（お世辞を言わない）、また⑹の不悪口はそのものずばり、⑺の不両舌（二枚舌を使わない）、⑻の不慳貪（欲張らない）、⑼の不瞋恚（憎しみの心を抱かない）、⑽不邪見（道理に反する考えを持たない）が加えられている。⑴〜⑶の戒めは、「身・口・意の三業」の中の「身」に関するもの、「口」については⑷〜⑹が相当し、残りの⑺〜⑽は「意（心）」に関する戒めである。上記の戒律は、神道で示された「国津罪」の意味合いとは、かなり異なっている。

　原始仏教では、人間の心性は本来「清浄」なものとしているが、この性質を汚す数ある煩悩の中でも「三毒」といわれる「貪・瞋・痴（どん・しん・ち）」が指摘されている。「貪」は貪欲を、「瞋」は怒りを、「痴」は迷妄を表しており、上記の戒律に組み入れられている。

　実際に出家した男女の修行者（比丘、比丘尼）の場合、出家集団に入るためには、更に厳しい戒律がある。比丘では250戒、比丘尼では348戒もある。

　結局、原始仏教の基本的考え方は、掟や戒律を守ることが「善」であり、それに背くことは「悪」という姿勢であることに変わりない。とこ

ろが、親鸞の開いた「浄土真宗」では、上記のような善と悪に対する固定観念に楔を打ち込むこととなった。善や功徳をどんどん積み重ねていくこと、即ち「ポイント稼ぎ」のような手段が目的化したならば、それが我執ともなり、かえって信仰の妨げになると主張したのである。即ち、「善は善である」ということに因われること自体が「悪」につながると見なしたのである。相対的な善・悪の立場を超えるためには、「自力」本願では駄目であり、「他力」の境地の念仏道にこそ救いの道があると断言したのである。本来の仏教は聖者の道であり、自力を極限まで実践することを説いてきたのに対して、法然や親鸞の仏教は「大衆」のための道を示したもので、誰にでもできる念仏の道である。阿弥陀仏の本願力という「他力」にすがるというものである。法然の考え方からすれば、「念仏するという行為は自力である」とするのに対して、親鸞は「念仏は、仏の力によるもので、念仏を称える人自身の力とは無関係」という**絶対他力**という立場をとっている。親鸞は出家者でありながら、比叡山を出て在家者になった後、あえて妻帯したことは、「**火宅僧**」という汚名を着せられる危険性のある行為にも見えるが、出家中心の仏教をより大衆的な仏教に近づけたことには現実的な意味があると思う。

「欲望は徹底的には抑制できないのだ」という自戒としての「罪の意識」が親鸞個人の心根に横たわっていることは確かである。

　結論として言えることは、神道と同様、心身ともに清浄を保ちながら罪を犯さないように努力し続けるという方向性は共通していると思う。親鸞は、「五逆罪（殺父母、殺聖者、仏身に対する傷害、教団の分裂を図ることなど）を犯し、正法を誹謗する者は、救いから除く」と言いつつも、その罪障を転換し、自力の心を捨てて回心し、慙愧する人は、阿弥陀仏の本願の救いの対象となるのだとも言っているのである。とすると、ヒンドゥー教の聖典である『バガヴァッド・ギーター（聖なる神の歌)』の中に見える「神にすべてを委ねる人は、たとえ極悪人であっても、神の恩寵により救済される」という文言が浮かび上がってくる。「神」を「阿弥陀仏」に置き換えれば、親鸞の思想に重なってくるが、

第四章　罪意識の底流

はたして親鸞はヒンドゥー教の聖典を読む機会はあったのだろうか。それとも親鸞独自のオリジナルな発想なのであろうか。『新約聖書』(ロマ 3：22〜28) にも、類似の思想「人々の罪は、キリストを仲立ちとして神への信仰によって許される」という文言も出てくるのである。

　一方、ヒンドゥー教の思想の中に：「人は生まれながら三つの負債を神々、祖先および賢人に対して負っており、その負債を返済しなければならない」という考え方があり、次節に示す「道教」の「承負の思想」とも通じるところがある。ヒンドゥー教の罪の範囲には、悪行や過失ばかりでなく、先に神道の所で指摘したように「穢れ・不浄」なども含まれていることにも注目したい（参考：丸井浩「インド思想と『罪』の概念」『四天王寺国際仏教大学紀要』第45号、543〜564頁、2008年）。

7．道教における「罪」

☑道教とは

　道教の成立期は、張角が「太平道」を名乗り、古代中国における最大の宗教反乱とされる「黄巾の乱」を起こした後漢末（２世紀）の頃といわれる。その当時、政権が権力争いを繰り返して不安定化する中、天災や飢饉の続発で苦しむ農民の反乱が絶えなかった。現在の四川省あたりで発生した「五斗米道」（張陵の創始：入信の際、五斗米を寄付）という教団とともに、道教の源流とも言われる「太平道」は、土地を失った農民などを中心に多くの信者を集めて立ち上がったのである。張角が拠り所にしたのは「太平経」（身分の差が存在していても、全体が調和のとれた平和な社会を理想像とする）であったが、「理想の世が実現された上古に比べて、現在は最悪の状態で、天の心を失ったため、罪が積もり積もった結果、災いが現在の人々に降りかかっている」という理念のもとで、蜂起したといわれる。もともと「太平道」では、病人を呪術で治療することが目的であり、「五斗米道」も同様であった。反乱は、結局成功しなかったけれど、その理念は道教の中に生き残っている。

　自然は恩恵と同時に脅威をもたらすということを、人間の立場から考察するとしたら、どのように解釈できるのか。自然現象の背後に、人間の営みが反映しているのではないかという発想が道教にもある。「災害が起こるということは、天の意思の現れで、前の世代の人々のたび重なる罪に対する咎である」という解釈が出てくるのは、不自然ではない。『旧約聖書』の「ノアの箱舟」にあるように、人々が神の意思に反した行動をとったために、義の人であるノアの家族以外の人々は、滅ぼされるという神話にも似てくる。

　仏教における「因果応報」は、個人の犯した罪は必ずその個人が償うという発想にあるのに対して、道教の場合は家（祖先）や社会集団を中心に、その責任が問われているのである。蓄積された罪は承けつが

第四章　罪意識の底流

れ、罪を負うという「承負」の概念が強く、善行を重ねても悪報を受けるのは、先祖の過ちを「承負」したからで、積もり積もって、その人に害を及ぼすのである。逆に、悪事を行いながらも善報をうけるものは、先祖が大きな功績を積んだ結果だと判断するのである。一方、『旧約聖書』(出エジプト記：34-7) にも似たような記述が、ヤハウェの言葉として書かれている：「親達の罪に対して、子供や孫ばかりでなく、三代目、四代目に至るまで『罰』が必ず下されるであろう」と。道教と『旧約聖書』との間に、何らかの歴史的関連があるのだろうか。

　ところで、中国古代の葛洪の書いた『抱朴子』(317年) には、面白いことが記載されている：「天地には過ちを司る神があり、人の犯した罪の軽重に随ってその算（命数）を奪う。算が減ると、その人は貧乏したり、病気になったり、たびたび心配事に遭う。算が尽きれば人は死ぬ。算を奪わるべき罪状は数百条あり、一々述べきれない」と。更に説明があり、「人の身中には三尸 (し) という虫がいる。三尸とは、形がなく、実は霊魂・鬼神の類である。この虫はその人を早く死なせたいと思っている。人が死ねば虫自体は幽霊となって思いのまま浮かれ歩き、死者を祭る供物を食べることができるからである。そこで**庚申の日**になると、いつも天に昇って司命（人の命数を司る神）に申し上げ、その人の犯した過失を報告する。そのほか晦日の夜、**竈の神**もまた天に昇って人の罪状を報告する。罪の大きな者に対しては紀を奪う。紀とは三百日である。罪の小さな者に対しては算を奪う。算とは三日である」(参考：〈本田済訳〉『抱朴子・内篇　東洋文庫512』平凡社)。

「一日一善」とか「積善の余慶」という言葉があるが、道教の根本命題は「勧善止悪」にあり、葛洪も『抱朴子』の中で、「**功**（善）を立てるを上となし、**過**（悪）を除くこと之に次ぐ。……(中略)……仙を求めんと欲する者は、忠孝・和順・仁信などの徳を以って本来となすべし」と述べているが、儒教的な倫理も組み込まれている。更に、中国宋の時代（12世紀）になると、「**功過格**」という道徳律を作り、人の行為を功と過に分ける「**功過表**」を作成し、毎日記録する風習に発展している。

133

興味深いことに、聖徳太子の「十七条憲法」(602年)の十一条に「功過を明らかにし、賞罰を必ず行え」という条文があるが、その当時すでに「功過思想」が日本に伝わっていたと考えるのは、早計だろうか。

さて、上記の下線部の中にある「庚申の日」と「竈の神」に注目していきたい。まず、庚申の日(60日に一度)は何かといえば、庚申の夜、人が寝入っている間に「三尸」の虫が抜け出し、天に昇って「人の罪状」を告げ口するというもので、罪状次第では命を奪われかねないというので、夜は眠らずに過ごすという「庚申待」の風習が日本にも伝わっていたようである。しかし、その時期は明確ではなく、平安初期あたりではないかと推定されている。また、日本各地には、現在でも多くの「庚申塔」や「庚申塚」などが残されており、神道・仏教などと道教が習合したものが多いが、多くは室町・江戸時代以降のものとされている(参考:窪徳忠『庚申信仰』山川出版社)。

次に、「竈の神」は、「三尸の虫」と同様、年の暮れに昇天して天帝(玉皇大帝)に家族の行状を報告した後、正月には戻る「天帝の使い」とされる。天帝は、その報告を受け「行状の善悪」によって「吉凶禍福」を示すため地上に降臨するという民間信仰である。日本では、「竈の神」として「奥津日子命」・「奥津比売命」という神の名が『古事記』にあり、現在でも神社の中に「竈の神」を祀っている所がある。また、「三宝荒神(荒神さん)」などとも呼ばれており、道教信仰の名残ではないかと言われている。「竈の神」の前では、「人の悪口はいえない」という「竈神(そうしん)信仰」は、沖縄をはじめ、日本各所にまだ残っているようである。

第四章　罪意識の底流

8．聖書に見える「罪意識」の構造

①『旧約聖書』における「罪」の多様性

『旧約聖書』はユダヤ教の「聖典」であり、律法と呼ばれる「モーセ五書」（創世記、出エジプト記、レビ記、民数記、申命記）と「預言書」および「諸書」と呼ばれる部分からなる三部作を意味しており、ユダヤ人はこの三部作を「タナハ」と呼んでいる。『旧約聖書』の原典はヘブライ語で書かれており、世界の多くの言語に翻訳されているが、ある言語から他の言語に翻訳するという作業は、多大な困難を伴い、そう簡単なことではない。背景となる歴史や文化、宗教や風俗習慣などを含めて、そのギャップが非常に大きな壁になってくるからである。

　先に、神道とユダヤ教の類似点について若干の比較をしてきたが、特に「罪」の意識に関する面から眺めた場合、その壁はあまりにも高く感じられる。日本語で「罪」に関連する言葉は、それほど多くはないのに対して、ヘブライ語聖書（英語対訳）をひも解いてみると、その「罪」に関する用語の多様性には驚かざるをえない。30語以上もあるのである。それらの単語の微妙な意味の違いを、完璧に理解するのは至難の業かもしれない。そこで、『旧約聖書』の中で比較的出現頻度の高いものを、上から10語程度に絞って各用語の意味を英語対訳とも比較対照しながら調べてみることにした。『旧約聖書』の和訳本としては、共同訳や個人訳もかなり知られているので、翻訳者の多大な苦心を尊重しながら「罪」に関連する日本語と原語との比較を通して、どのような違いが見えてくるのか探ってみたい。

　前述した神道や仏教、道教などの宗教に比べて、何故このように「罪意識」に関する用語に多様性があるのだろうか。

　古代イスラエルの人々を取り巻く自然環境や生活態度もさることながら、ユダヤ教の聖典であるタナハ（『旧約聖書』）そのものの中に、その

135

理由が散りばめられているはずであるので、まず「罪」に関連する用語を、『旧約聖書』の中からできるだけ多く抽出することとした。そのヘブライ語の意味を日本語に置き換えるためには、英訳の聖書を参照せざるをえないのが実状である。聖書関連のヘブライ語・日本語辞典はあるが、日本語から意味を探すことはできない上、日本語・ヘブライ語辞典はあっても、その語彙数が非常に少ないので参考にならない。実際「罪」に関連するヘブライ語としては、三十数個探し出すことができるが、そのすべてを本書で議論することは、それほど意味があるとも思えないので、代表的なもの10個に絞り込んで、以下議論していくことにしたい。

罪に関するヘブライ語として度々頻出する単語としては、חַטָּאת（ハタット）やעָוֹן（アオン）とפֶּשַׁע（ペサ）がよく知られているが、これだけで議論するには十分ではないので、更に七つの単語を追加することにした。אָשָׁם（アサム）・רֶשַׁע（ラサ）・רַע（ラア）・עָבַר（アヴァル）・שֶׁקֶר（シェケル）・עָמָל（アマル）・מַעַל（マアル）である。いずれも頻度はかなり高い。חַטָּאתやעָוֹןとפֶּשַׁעは、いずれもよく似た同義語といえるが、微妙な違いがある。חַטָּאתは、通常「罪（sin）」として、עָוֹןは「咎（iniquity）」として、פֶּשַׁעは「背き（transgression）」として訳出されることが多い。この三つの単語が、同時に出現する文章として、詩編（32章5）を引用してみたい。かなり苦心の跡が読み取れるが、新共同訳の訳文をみると、「私の罪(イ)をあなたに示し、咎(ロ)を隠しませんでした。私は言いました。『主に私の背き(ハ)を告白しよう』と。その時、あなたは私の罪(ニ)と咎(ホ)を赦してくださいました」となっている。罪が二カ所((イ)と(ニ))、咎も二カ所((ロ)と(ホ))、背きは(ハ)の一カ所である。

英訳聖書（KJV、ESV）では(イ)と(ニ)を（sin）と訳し、(ロ)と(ホ)を（iniquity）、(ハ)は（transgression）と統一されているが、他の英訳聖書（NAS）では、二度目に出てくる(ホ)に対して（iniquity）を（guilt）に変えている。また、別の英訳聖書（NJB）を見るとעָוֹן（アオン）の部分を、いずれも（guilt）と訳しているのが興味深いところである。英訳聖書で

第四章　罪意識の底流

も、解釈に微妙な差が出てくるのは当然として、「罪」という言葉の中に古代イスラエルの人々は、深く多様な概念を組み込んでいるものと考えざるをえない。

חַטָּאת や עָוֹן と פֶּשַׁע が三つとも同時に出現する、もう一例として、イザヤ書（59章12）を取り上げてみる：「御前（みまえ）に、私たちの背きの罪は重く、私たち自身の罪が不利な証言をする。背きの罪は私たちと共にあり、私たちは自分の咎を知っている」と訳されている。不思議なことに、上記の詩編では（transgression）を「背き」と和訳しているのに、このイザヤ書では、2回とも「背きの罪」と訳しているが、統一がとれていないのは気になる。「女の婦人」というような表現であり、重複している。詩編（32章5）の後半部にある文章の和訳にも「私の罪（ニ）と咎（ホ）を赦してくださいました」とあり、英訳聖書（KJV）では「you forgave the iniquity of my sin」と訳されており、原文に忠実であるのと対照的である。

「iniquity」には、「罰」という意味も含まれているので「罪に対する罰を赦された」と解釈する方が適切ではないだろうか。

　以上、三組の「罪」の用語の中で圧倒的に頻度の多いのが「ハタット」で、その動詞の「ハタ」や名詞「ヘット」を含めれば、これらの用語は『旧約聖書』全体で広く使われている一方、「咎」と訳される「アオン」は、モーセ五書に比較的少なく、詩編やイザヤ書、エレミヤ書、特にエゼキエル書には、かなり頻繁に出現する。興味深いことに、同じく「罪」に関連する言葉として「アサム」という単語があるが、これはレビ記に集中して出現していることである。主要な意味は「罪の代償」であり、例えば、レビ記（5章6）を引用すると、「犯した罪の代償として、群れのうちから雌山羊または雄山羊を取り、贖罪の献げ物として主にささげる」とある。

　レビ記には様々な規定があるので、このような文例が多くなるものと考えられる。また、この用語が創世記に初めて出現する、珍しい文例として「神への罪」に相当する表現も出ている。26章10を部分的に引用

137

すると、「あなたは何ということをしたのだ。……（中略）あなたは我々を罪（アサム）に陥れるところであった」と。

一方、「罪」とか「邪悪」と訳される用語としてかなり頻繁に出現するが、名詞や形容詞としても使われている「ラサ」という単語がある。モーセ五書には、ほとんど現れないが、詩編や箴言などに、圧倒的な頻度で出現する。ヨブ記やエゼキエル書にも多い。一例として引用するエゼキエル書（３章19）を読んでみると：「あなたが悪人（ラサ）に警告したのに、悪人が自分の悪（ラサ）と悪の道（ラサ）から立ち帰らなかった場合には、彼は自分の罪（アオン）のゆえに死に……」と立て続けに（ラサ）が出現する。

また、「ラサ」に劣らず頻繁に出現する用語として、名詞や形容詞としての עַר（ラァ）がある。同義語として רָעָה（ラァー）も並列して現れることがある。ほとんど同じ意味で使用されているようだ。『旧約聖書』全体に広範囲に使われている。

名詞としては「悪や悪事」、「災い」として和訳され、形容詞としては「悪い」と訳されている場合が多い。エレミヤ書（42章10）に、興味深い記述がある：「(中略)……わたしは、あなたたちに下した『災い（ラァ）』を悔いている」という表現だ。多くの民人やユダの王、エルサレムなどにさんざん「災い」をもたらした“怒り心頭”の主が後悔するというのは、まるで人間のようだ。エレミヤ書は、まさに神の怒りのはけ口のように「災い（ラァ）」の言葉で満ち溢れている。その他、上述の「罪」に関連した六種の用語ほど頻繁には出現しないが、更に四種の用語を加え、比較対照のため一覧表として以下にまとめておいた。

10番目に挙げてある名詞や動詞の「マアル」は、それほど頻繁には出てこない。慣用的な用語ではなさそうであるが、「背く」・「反逆する」という意味では「ペサ」に近い。

第四章　罪意識の底流

罪の用語	意味
(1) (イ) חַטָּאת （ハタット） (ロ) חָטָא （ハタ） (ハ) חֵטְא （ヘット）	(イ)（名）罪（主に神に対する）、罪の償い、罪の清め (ロ)（動）的（道）を外す、罪を犯す、責めを負う、清める (ハ)（名）罪（的を外した）、罪（人や神に対して） ㊟『旧約聖書』で(イ)293回、(ロ)238回、(ハ)33回。
(2) (イ) עָוֹן （アオン） (ロ) אָוֶן （アヴェン）	(イ)（名）咎（歪めること）、不正、悪行、罪、罰 (ロ)（名）上記の意味に加えて「不幸」 ㊟『旧約聖書』で(イ)231回、(ロ)約80回の頻度。 ㊟ モーセ五書よりも、預言書などに多い。神に対する攻撃：意図的かどうかを問わず罰に値するのである。
(3) (イ) פֶּשַׁע （ペサ） (ロ) פָּשַׁע （パサ）	(イ)（名）意図的な違反、逸脱、反抗とその行為、およびそれに対応する罰 (ロ)（動）逸脱する、反抗する ㊟『旧約聖書』で(イ)93回、(ロ)41回の頻度（モーセ五書では少ない）。
(4) (イ) אָשָׁם （アサム） (ロ) אַשְׁמָה （アシュマ）	(イ)（名）罪の代償、神に対する罪、罪や侵害への補償 (ロ)（名）罪、悪事、侵害 ㊟『旧約聖書』で(イ)46回、特にレビ記に集中（34回）、(ロ)11回の頻度。
(5) (イ) רָשָׁע （ラサ） (ロ) רֶשַׁע （レシャ）	(イ)（名）邪悪、不正、罪（神や人に対する敵意） (ロ)（形）邪悪な（申命；25-2）、罪となる ㊂ サム2：4-11） ㊟『旧約聖書』で（名・形）として260回、モーセ五書には少なく、詩編・箴言に多く出現する。同じ発音で動詞も若干ある。

139

(6)	(イ) רַע （ラア） (ロ) רָעָה （ラアー）	(イ) （名）悪、罪、邪悪な思想、その行為 　　（形）邪悪な、不快な (ロ) （名）悪、災難、苦境 　（注）『旧約聖書』全体に広く使われている。エレミヤ書にはかなり頻繁に出現する。
(7)	עָבַר （アヴァル）	（動）①流れを横切る、②限界を超える、③道徳的罪を犯す 　（例）①民数：21-22、②民数：14-41、③士師：2-20
(8)	שֶׁקֶר （シェケル）	（名）偽り、嘘、欺瞞、無益 　（例）①出：5-9、②申命：19-18、③詩：19-29
(9)	עָמָל （アマル）	（名）悪、困難、不幸、邪悪、苦難 　（例）①詩：107-19、②申命：26-7、③詩：10-7
(10)	(イ) מַעַל （マアル） (ロ) מָעַל （マアル）	(イ) （名）反逆 　（注）『旧約聖書』で35回。　（例）①ヨシュア：7-1、②歴下：29-19、③エズラ：9-2 (ロ) （動）反逆する、そむく 　（注）『旧約聖書』で29回。　（例）：①レビ：6-2、②歴下：29-6、③ダニエル：9-7

　上記の表中に示された「罪」に関係する用語の中から(1)～(6)を選び、モーセ五書などの主要な書物の中に、どの程度の頻度で現れるかを比較するため、グラフで視覚化することにした。

　まず、モーセ五書のグラフ(1)から説明したい。グラフに表示してあるように、罪に関連する主要な用語を①から⑥までを見ていくと、モーセ五書全体では、①の「ハタ」と⑥の「ラア」に関連する用語が比較的多く、④の「アサム」だけは「レビ記」に突出して出現していることに気付く。全体的に罪の用語の頻度が多いのは、「レビ記」であるのは当然かもしれない。何しろ「掟」だらけなのだ。煩雑な「食物規定」ばかりでなく、「贖罪や賠償・和解の献げ物などの規定」でもかなり細かく、その他種々の規定にも驚かされる。レビ記（10-1）には、「アロンの子

第四章　罪意識の底流

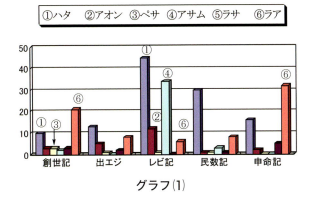

グラフ(1)

のナダブとアビフは、規定に反した炭火を使用したため主の御前から火がでて焼き殺される」という記載もある。ユダヤ教徒であっても反発が出てくるのは当然かもしれない。

　次のグラフ(2)では、①の「ハタ関連用語」が、まだかなりの割合で出現しているが、⑥のピンク色で示している「ラア」の頻度が著しく増加してくる特徴がある。「ラア」は、『旧約聖書』全体の広範囲に分布しており、対人関係の「悪」や「罪」を中心として利用されているようだ。

　他方、次のグラフ(3)になると、「罪」に関する用語の分布がかなり劇的に変化してくる。

　棒グラフで紫色に表示してある⑤の「ラサ」関係の用語が急劇に増えてくるのである。「アオン」と同等程度に出現し、意味もよく似ている。モーセ五書にはあまり現れないが、ヨブ記や詩編、箴言には頻繁に出てくるのである。⑥の「ラア」の割合もかなり高くなる。

　グラフ(4)で目立つのは、エレミヤ書でひときわ⑥が突出していることである。イザヤ書では、④を除けば平均した分布が見られるが、エゼキエル書では、②の「アオン」がかなりの頻度で出現し、⑤の「ラサ」も相対的に増えてくる。

141

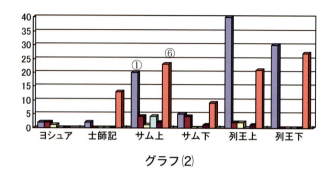

グラフ(2)

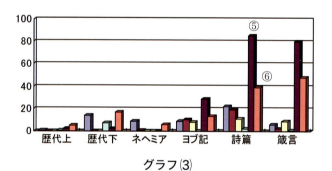

グラフ(3)

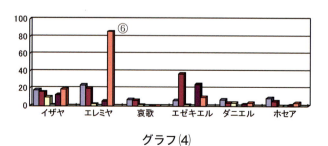

グラフ(4)

第四章　罪意識の底流

②『新約聖書』における「罪」の概念

　上述したように、神道も仏教も「罪」に対する考え方は、かなり常識的で、それに関連する用語もそれほど多くないのに対して、『旧約聖書』では、これでもかと思わせるほど多様な「罪」に関する言葉が、数多く乱舞していることに衝撃を感じた。その多さの原因は、レビ記や民数記、申命記などを読めば分かるような気がしてくる。特にレビ記などに呆れるほど多い「食物規定」や「贖罪の献上物」などの様々な禁止事項を読み進めていくと、あまりに細かく縛りの強い「掟」の前では頭痛がしてきそうだ。

　ところが、『新約聖書』の「パウロの書簡」などを読み進めていくうちに、不思議なことに何やら「明るい展望」というか、目の前の霧が少し晴れてくるような気分になる。ローマの信徒への手紙（7-7）には、次のような文言が現れる：「……(中略)……律法によらなければ、わたしは罪を知らなかったでしょう……(後略)」とあり、更に（ローマ：7-8）では「……罪は掟によって機会を得、あらゆる種類のむさぼりをわたしの内に起こしました。律法がなければ、罪は死んでいるのです」という文章に出くわす。

　少し前の（ローマ：5-13）に戻れば「律法が与えられる前にも罪は世にあったでしょうが、律法がなければ、罪は罪として認められないわけです」とある。

　パウロは、ユダヤ人に対して（ローマ：2-23、24、27）の中でこうも述べている：「あなたは律法を誇りとしながら、律法を破って神を侮っている」とか「あなたが受けた割礼も、律法を守ればこそ意味があり、律法を破れば、それは割礼を受けていないのと同じです」、「外見上の割礼が割礼ではありません」と指摘している。

　我々日本人には理解できない「割礼」の重要性に関して、神がアブラハムに言われたとされる言葉：「あなたたちおよびあなたの後に続く子孫と、わたしとの間で守るべき契約はこれである。すなわち、あなたた

ちの男子はすべて、割礼をうける。……(中略)……これが、わたしとあなたたちとのあいだの契約のしるしとなる」(創世記：7-10、11) とある。何故このような一方的で、天下りの契約を持ち出したのだろうか。帰属意識を更に高めるために持ち出したのかもしれないが、ある意味では危険な発想ではないか。

　パウロが言いたいことは、律法が人の前にあるのではなく、人の後に置くべきことを強調しているのであって「キリスト・イエス」に結ばれていれば、割礼の有無は問題なし。「愛の実践を伴う信仰こそ大切です」(ガラテヤ：5-6) と述べているのは妥当であると思う。初期には、キリスト教会・教徒を迫害・弾圧していた立場の厳格なユダヤ教徒であったパウロが、180度転向したきっかけとして、天の声「サウル、サウル、なぜわたしを迫害するのか」(使徒行伝：9-4) を聞いたことがあったからと言われるが、イエスもパウロもユダヤ教を離れた理由がよく理解できる。

『新約聖書』において「罪」を考える時、特にパウロの書簡：「ローマ信徒への手紙」(1-29、30) を読んでいくと、具体的な事例が一つ一つ列挙されているので、非常にわかりやすい。

「新共同訳」から引用すると「あらゆる不義 (*adikia*)、悪 (*poneia*)、貪り (*pleonexia*)、悪意に満ち (*kakia*)、ねたみ (*phtonos*)、殺意 (*phonos*)、不和 (*eris*)、欺き (*dolos*)、邪念にあふれ (*kakoetheia*)、陰口を言い (*psithuristes*)、人をそしり (*katalalos*)、神を憎み (*theostuges*)、人を侮り (*hubristes*)、高慢であり (*huperephanos*)、大言を吐き (*alazon*)、悪事をたくらみ (*epheuretes*)、親に逆らい (*apeites*)、無知 (*asnetos*)、不誠実 (*asuntetos*)、無情 (*astolgos*)、無慈悲 (*aneleemons*) です」とあり、「罪」および「罪」の原因となるべき用語が並べられている。カッコ内の文字はギリシャ語の英語読みを引用したものである。コリント(2)・ガラテア・コロサイ信徒への手紙などにも、類似した用語が多数書きこまれている。上記の各用語の意味を考えてみると、その原因として共通して言えることは、結局自己中心的な「エゴ」が、その発信源

であると言える。

　広く「罪」（sin）を表す用語として、ギリシャ語では「*hamartia*」という名詞が代表的であり、動詞としては「*hamartano*」（罪を犯す）が、罪人に対しては「*hamartolos*」という単語が出てくる。「*hamartia*」は、ヘブライ語の「ハタット」に相当しており、「*hamartano*」は、動詞の「ハタ」に該当している。罪の用語としては、上記三つの単語が約80%を占めているのである。このほか、「*poneros*（邪悪な、悪い）」や「*diabolos*（悪口を言う、中傷者）」などが比較的多く出現する。一方、先に示した「罪」の一覧表の二番目に出てくる、ヘブライ語の「アオン」に相当する単語として「*poneia*」が、「ペサ」に該当するものとして「*paraptoma*」が出現するが、その頻度は意外と低いのである。
『新約聖書』を読み進めていくと、「罪」で人間を「雁字搦め」に縛り付けていると考えられる『旧約聖書』の傾向を改め、罪からの解放を主張する流れに変化していくことは、キリスト教徒でなくとも喜ばしいことであると感じる。コロサイの信徒への手紙（3-11）の中にある、次のような文章を読めば、現代人でも納得できるのである：「そこにはもはや、ギリシャ人とユダヤ人、割礼をうけた者と受けない者、未開人、スキタイ人、奴隷、自由な身分の者の区別はありません……」とあり、また「……憐みの心、慈愛、謙遜、柔愛、寛容を身につけなさい」とも書かれているのを見ると、まるで仏教の教えとも重なってくるように思えてくるのである。

　ただし、一神教の範囲を出ていないので、神道や仏教と重なる部分はあるけれども、やはりそこには、乗り越えがたい壁があるのは確かである。

9. イスラームにおける罪の意識

　7世紀の初め、アラビア半島に起こった一神教「イスラーム」は、現在では世界の人口の20%を超えるほどに、多数の信徒を抱える世界教の一つになっている。キリスト教と同じく、その源を探ればユダヤ教にたどり着く。ユダヤ教徒やキリスト教徒から見れば、イスラームという宗教は、先行する二つの宗教の模倣のように思われることもあるが、イスラームを起こした預言者「ムハンマド」から言わせれば、前二者の宗教を超えた、さらに進化した宗教ということになっている。どちらかといえば戒律の厳しいユダヤ教に近い宗教でもある。信ずべき創造神（造物主）は、同一であるはずであるが、ニュアンスが全く異なる宗教でもある。「ムハンマド」を最終にして、最後の偉大な預言者として自負している点では、釈尊の「天上天下唯我独尊」となんら変わるところが無い。キリスト教のイエスは単なる預言者の一人に過ぎず、ましてや「神」であるはずも無いので、「三位一体」も「原罪」も存在しないのである。

　もともと「イスラーム」とは、「神に帰依（服従）する」という意味で、唯一神は「アッラー」であり、その神の啓示とされる「クルアーン（コーラン）」が最高の聖典とされるのである。

　キリスト教では、人間にとって神は「父なる神」であるが、イスラームでは「アッラー」は唯一絶対者であり、人間はその神に絶対服従する奴隷の立場にあり、クルアーンに書かれていることは、すべて神の言葉であるから疑うことなく、丸ごと信じなければならない。批判は誰にも許されないのである。従って、イスラームやクルアーンを揶揄し、冒涜するようなことがあれば、国境を越えて大変な事態を引き起こすのである。身近な例では、1988年に発表された『悪魔の詩』（イギリスの作家、Ｓ．ラシュディの小説）がムハンマドを侮辱したという理由で、1989年の２月にイランの最高指導者ホメイニ師が、著者および発行人などの関

係者に「死刑宣告」を下し、世界を驚かせたことがある。1991年、日本語訳を出版した筑波大の助教授が勤務先で暗殺されるという、実に痛ましい事件が起きてしまったのである。イスラームの論理では、クルアーンに反する行為はすべて悪（**サイイア**）と断定し、「殺人」もアッラーの命令であれば、許されるという精神構造が出来上がっているのである。従って、暗殺者には「罪の意識」というものは全く残らないことになる。

　自らは、正しいこと（**ジハード**）をしたという自覚しかないはずである。2004年にも、短編映画『Submission（服従）』を製作したオランダの映画監督（テオ・ファン・ゴッホ）が、アムステルダムの路上で暗殺されている。元来イスラームは、異教徒に対して基本的に寛容であると言われているが、クルアーンやイスラームに対する侮辱的な行為は、絶対に許さないという態度を軽視することは大変危険なのである。

　アラビア半島は、大部分は広大で不毛な砂漠地帯であり、過酷な気候条件の中で生活してきた半島の住民は、大部分オアシス農民と遊牧民であった。歴史的には部族闘争と略奪を再三繰り返してきた地帯である。そのような環境の中で発生したイスラームという宗教は、部族間対立を抑えるための強力な精神的支柱となったと考えられる。同じセム系のユダヤ教と同様、一神教でなければ、地域の安定性が保てなかったのだ。一方、比較的温暖な気候に恵まれた日本列島では、自然発生した民族宗教を中心に、渡来系の多様な風俗・習慣や宗教と融合しながら、対立闘争はあったにしろ、多神教である「神道」という非常に緩やかな形に落ち着いたことは、その気候風土がわれわれの精神構造に大きく影響していると思われるのである。ユダヤ教やキリスト教およびイスラームのような宗教は、ある意味「**天下り的宗教**」、言い換えれば「強制的に支配する独裁宗教」とも言えるのに対して、神道は「**萌えいずる宗教**」、下の方から泉のように湧き出した宗教と考えられるのではないか。不可視的なものを、造物主という一点に集中し局在化させたものが一神教であり、逆に非局在化したものが多神教の神道と言えるのではないか。どん

な神も排除せず共存できる宗教、厳しい戒律も教義もほとんど無く、高い垣根（縄張り）を作らないのが神道であり、一神教の神と言っても「one of them」に過ぎないのである。ところで、クルアーンそのものは、日本語訳で読むかぎり、決して面白いといえるものではない。

『旧約聖書』の「創世記」や「出エジプト記」などに比べれば、読み物としての魅力には欠けているのである。クルアーンはアラビア語では「詠唱するもの」といわれているように、独特の節回しがムスリムの人々にとっては音楽のように心地よく響くようである。『旧約聖書』の場合も、読誦することはクルアーンと同様であり、神道の祭りごとにおいて「祝詞」を読み上げる場合とか、仏教における「読経」のようなものかもしれない。

○クルアーンに書かれている罪

『旧約聖書』では「罪」に関係する用語は30種類以上も出現することについては、先に説明してきた。一方、クルアーンを読み進めていく際に気が付くことは、罪に関しての説明がかなり断片的で、道徳的な罪（sin）と一般的な犯罪（crime）が混在していることである。ここでは、道徳的・宗教的な罪を中心にまとめてみたい。

例えば、4章48節の文章に次のような記載が見える：「アッラーに併置する者は誰でも、大罪（**シルク**）を犯したことになる」と。

アッラー以外の神を信じてはいけないことを意味しているわけであるが、妙な言い回しで多神を戒めているのである。また、クルアーン改竄の罪に関して、11章18節には、「神について嘘を捏造する者より非道な者があろうか」とか、11章35節にも、「もし私がそれを捏造したのであれば、私の罪は私が負う。しかし私は、お前達の犯す罪（**イジュラーム**）について責めを負うことはない」とある。また、83章29節には、信者を侮る罪に関する文言として、「罪（**イジュラーム**）を犯した輩は、かつて信じる者達を嘲笑し……」とある。また、6章80節から

第四章　罪意識の底流

82節に掛けて記載されている文章の内容をまとめていくと、「神に併置して、はばからない者は、その信仰に悪業（不義）をまじえている」となり、４章48節と同じ意味に解釈されている大罪（**シルク**）という言葉が、悪業（不義：**ズルム**）という言い方に和訳も変化しているのである。そこで、念のため英訳クルアーンの同じ６章82節を調べてみると、「**wrong**」という訳が出てきた。

　また、２章54節には「偶像崇拝の罪」に関連してモーセが民に告げた文章として「わが民よ、おまえたちは子牛を選んだことによって、われとわが身をそこなってしまった」とある。英訳クルアーンでは、「そこなってしまった」を動詞の「**wronged**」に訳されていた。偶像崇拝も大罪のはずであるが、クルアーンは、部分的に整合性がない説明が散見されるのである。

　４章10節にある「孤児の財産を奪う罪」に、ズルムという言葉が適用されているのを見ると、かなり多様な使い方があるようだ。

参考図書

●神道関係

1）『伊勢神宮　式年遷宮のすべて』（JTBパブリッシング、2014）

2）「諏訪信仰と御柱祭」（『諏訪市博物館研究紀要　5』2010）

3）山本幸司『穢と大祓』（解放出版社、2009）

4）中村雄二郎『日本文化における悪と罪』（新潮社、1998）

5）『日本民俗文化大系4　神と仏』（小学館、1984）

6）片岡耕平『穢れと神国の中世』（講談社、2013）

7）小林健三『垂加神道の研究』（至文堂、1940）

8）増田秀光他編『神道の本』（学習研究社、1992）

9）薗田稔・茂木栄監修『日本の神々の事典』（学研、1997）

●仏教関係

1）大正大学仏教学科編『仏教とはなにか』（大法輪閣、1999）

2）服部祖承『ブッダの教えがわかる本』（大法輪閣、2006）

3）中村元監修・阿部慈園編『原典で読む原始仏教の世界』（東京書籍、2000）

4）世界思想研究会著・島田裕巳監修『手にとるように東洋思想がわかる本』（かんき出版、2009）

5）B．K．ホーキンズ（瀧川郁久訳）『仏教』（春秋社、2004）

6）門脇佳吉編『親鸞とキリスト教』（創元社、1984）

7）佐古純一郎『パウロと親鸞』（朝文社、1989）

●道教関係

1）窪徳忠『道教の神々』（講談社、1996）

2）『中国宗教思想　1』（岩波書店、1990）

3）『道教　第2巻・道教の展開』（平河出版社、1983）

4）野口鐵郎・田中文雄共編『道教の神々と祭り』（大修館書店、2004）

5）高橋徹・千田稔共著『日本史を彩る道教の謎』（日本文芸社、1991）

6）村上嘉実『抱朴子』（明徳出版社、1992）

●ユダヤ教・キリスト教・イスラーム関係

1）『聖書　新共同訳』（日本聖書協会、1994）

2）W. E. Vine, M. F. Unger and W. White, Jr., *Vines' Complete Expository Dictionary of Old and New Testament Words*, (Thomas Nelson, 1996)

3）ミルトス・ヘブライ文化研究所編『ヘブライ語聖書対訳シリーズ：創世記、イザヤ書、詩編など』（ミルトス、1990）

4）名尾耕作他『旧約聖書・ヘブル語大辞典』（教文館、2003）

5）近藤司朗編『旧約聖書語句事典』（教文館、1992）

6）「Bible Works: Version 7」

7）藤本勝次他訳『コーラン　I, II』（中央公論新社、2002）

8）柏原良英「クルアーンにおける死生観と罪の概念」（『シャリーア研究6』2009）

9）後藤明監修『今こそ知りたいイスラムの世界』（中経出版、2011）

10）Wikipedia「悪魔の詩」

11）*The Holy QUR'AN* (KITAB BHAVAN, 2016)

12）ハルーン・シディキ（堤理華訳）『1冊で知るムスリム』（原書房、2010）

古典にゆかりの古社・参拝

(『方丈記』・『徒然草』・『枕草子』・『とはずがたり』・『土佐日記』から)

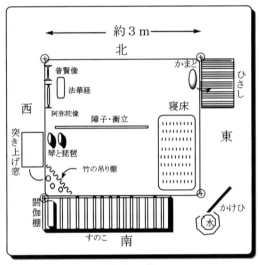

方丈の家

「東に三尺ばかりの庇をさして……よすがとす。南、竹の簀(すのこ)を敷き、その西に閼伽棚(あかだな)を作り、北に寄せて障子を隔て、阿弥陀の絵像を安置し、そばに普賢をかき、前に法華経を置けり。……」

(『方丈記』大福光寺本)

第五章　古典にゆかりの古社・参拝

はじめに

「全国一の宮」としてよく知られた古社に限らず、日本各地の神社巡りの旅をしているうちに、その神社に縁のある古典作品や作者に出会う事がある。多くの人が、学生時代に古文を学んだ経験はあると思うが、教科書で読んだ古典は、作品のごく一部であり、その中で「神社」を取り上げた教材などはなかったし、当時の参考書などでも、神社に関して解説している本などに巡り会ったという経験も無かった。

　最初に出会ったのは、『方丈記』の作者「鴨長明」であった。京都市左京区にある「下鴨神社（賀茂御祖神社）」の摂社である「河合神社」の境内の案内板を読んだ頃であったと思う。

　現在、河合神社には、レプリカとしてプレハブ形式の「方丈の庵」が展示されているが、この模型は約17年前（平成29年現在）に寄贈されたものだそうで、下鴨神社に問い合わせても、何処のどなたが制作したものかに関して、明確な回答はえられなかった。数十年前に参拝した時に、このレプリカはなかったのは当然である。

「鴨長明」と「神社」との関係は、河合神社資料室などにも解説は出ているが、『方丈記』そのものの中には、何回読み返してみても、「神社」に関する記述は全く出てこないし、神に関する記載も見当たらない。『方丈記』全体が「無常観」に溢れており、仏教的思想や諦観が彼の心を完全に支配しているようで、神主の子ながら、神からはかなり遠ざかっているように見える。

　この章では、『方丈記』からはじめて、『徒然草』・『枕草子』・『とはずがたり』・『土佐日記』などの作者と神社の関係に注目して、話を進めてみたい。いずれも平安・鎌倉時代以降の作品であり、「神仏習合」はすでに定着していた時代の産物であるから、どの古典にも寺社の記述が出てくるのは自然の成り行きと思うが、各作者の神社に対する接し方には濃淡があり、興味が湧いてくるところである。古典の時代区分は前後するけれど、「鴨長明」をここで最初に取り上げる理由は、上述の巡り会

155

わせもさることながら、神職の父を持つ身でありながら、出家に追いや
られた長明の心情を思いやる一方、ナチスドイツから約6000人とも言
われるユダヤ人を救出したリトアニア領事代理であった「**杉浦千畝**」の
人道的処置（**命のビザ**）を、日本で更に丁寧に補強・奮闘した「**小辻
節三**」という人物の父親が「下鴨神社」の神官であったという偶然も、
「鴨長明」と重複して脳裏に焼き付いているからである。

第五章　古典にゆかりの古社・参拝

1．神主になれなかった「鴨長明」

『方丈記』の冒頭の文章に出てくる「ゆく河の流れは絶えずして、しか
も、もとの水にあらず」は、多くの方々の頭の片隅に記憶として残って
いるはずと思われるが、この文言とほとんど同じ文章を残している人物
が存在する。古代ギリシャの哲学者「ヘラクレイトス（B. C. 541-475）」
である。彼は「**万物流転（*Panta rhei*）**」という「変転の思想家」として
知られているが、具体例として「ろうそくの炎」を挙げるとともに、河
の流れにもたとえて"*You cannot step twice into the same river*"という言
葉を残しているのである。もちろん、彼の発想は主に自然現象に対す
る思索であり、仏教的な「無常観」と同一視することはできないにし
ても、鴨長明と相通じる部分はあると思う。『方丈記』の中にある文章
「**その主** (あるじ) **と栖** (すみか) **と無常を争ふさま、いはば朝顔の露に異
ならず**」という表現は、人生の「短さ」や「はかなさ」を端的に表現し
ている箇所でもある。

　一方、『旧約聖書』の「コーヘレト書」に目を転じれば、「**空の空、一
切は空**」という「虚無的な表現」が多く出てくる一方、「**日の下では、
すべてに時期があり、すべての出来事に時がある**」とか「**世代は去り、
世代は来る**」と述べている部分は、長明の無常観とも重なってくる。長
明は中国の漢籍や『万葉集』等は読んでいたにせよ、『方丈記』の無常
観には、仏典（維摩経など）の影響が非常に濃く出ているという考え方
が妥当のようである。

　鴨長明は「下鴨神社」の禰宜「鴨長継」の次男として久寿2（推定：
1155）年に生まれたとされている。上賀茂神社・下鴨神社の祭祀は、鴨
県主の一族が取り仕切っていたとされており、両神社は伊勢神宮につい
で朝廷から篤く崇敬されていたようである。

　そこで、まず「鴨長明」の人となりを理解するために、種々の資料か
ら下鴨・河合神社神官を担う鴨氏一族の概略の系図を次頁図に示した。

157

長明の数代前後を中心に、この系図を見ていくと様々なことが見えてくるのである。

下鴨神社や河合神社の由来や祭神については、次節の神社参拝の所で紹介することとして、ここでは下鴨・河合両神社神官の系図から見ていきたい。昔から日本の家系図は、すべて男系であり、女性はほとんど無視されている場合が多い。系図に書き示してくれれば、すぐ納得できるところを、注などの補足説明などで済ましているので、よく分からないことがある。この系図は、惟季（これすえ）から始まっているが、遠祖を延々と遡っていくと、『古事記』で最初に登場する「造化三神」の「神産巣日神」に突き当たるとされている。

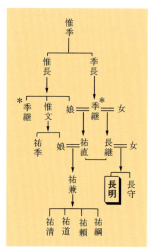

下鴨・河合神社
（神官系統略図）

さて、この惟季のあとは、惟長と季長（すえなが）の二系統に分かれており、季長の長男「季継」は、惟長の娘と結ばれ、下鴨社の禰宜となっており、「祐直（すけなお）」が生まれている。祐直には二人の弟（有季・有継）がいるようだが、この系図には示していない。注目すべきことは、祐直は「惟文」の娘と結婚しているので、この組み合わせは**いとこ婚**で血縁は深くなっている。更に注目すべきは、季継がもう一人の女性（後妻か？）と結婚していることで、その女性との間に長明の父である「長継」が生まれている。言い換えれば、祐直と長継は「腹違いの兄弟」の関係にあたるのである。従って、祐直の後に長継が下鴨社の禰宜になったということは、不思議ではないが、問題はこの後である。長明の父「長継」は、若くして（30代半ば）に病死してしまうのである。長明が18〜19歳の時のこととされ、それ以後、長明の人生の歯車は空転する。父「長継」が、いかに優れた神官であったとしても、惟長→惟文→祐直の系列が本家であるので、傍系の子である「長明」には巡り合

第五章　古典にゆかりの古社・参拝

わせが悪すぎるのである。どうもがいても、この係累の座標に乗れない
位置に釘付けにされているのが長明なのだ。

　和歌の世界では、その才能をかなり発揮していたとはいえ、家系のし
がらみを抜け出すことはできないのだ。貴族社会の「歌の世界」がいか
に高貴であっても、それは所詮「浮世の花」であって、係累に縛られた
世界において彼を支援する人々は少なく、長明にとっては大きな壁が立
ちはだかっていた。河合神社の「禰宜のポスト」では、再三にわたって
義理の従兄弟である「祐兼」とその息子達に、その機会を次々と奪われ
ていった。父「長継」の死後、長明21歳になった頃、河合神社の禰宜
の職は、「祐兼」に先を越され、更に長明30歳の頃、元暦元（1184）年
には、祐兼の長男「祐頼」に河合神社の禰宜を奪われている。但し、祐
兼の長男を「祐綱」とする系図もあって不確かな点はあるが、神社のポ
ストは、次々と両兄弟に奪われていくのである。長明の神官への道は、
どうもがいても、全く絶望的であったのだ。

　興味深い資料によると、長明が亡くなって６年後に、「祐頼」は何者
かによって暗殺される事件が起きており、当時の鴨社内の人間関係の緊
張状態を暗示しているようだ。

　長明が出家したのは、『方丈記』に「五十（いそじ）の春を迎えて、
家を出で、世を背けり」と記されているように、一般的には元久元
（1204）年とされているが、建久９年の頃には、長明の決意は固まって
いたと思われる。実際、文治５（1189）年以降、建久２（1191）年の若
宮八幡の歌合せに出席した以外、正治元（1199）年までの９年余りの
間、彼の消息は全く分かっていないのだ。失意のどん底で放浪しながら
落ち着き先を、あるいは出家の時期を探っていたのかもしれない。元暦
元年に祐兼の長男「祐頼」に河合神社の禰宜を奪われた頃、彼は、父方
の祖母（季継の後妻？）の家を出て、鴨川のあたりに転居し、五十路に
は、大原へ引越し、更に54歳という晩年に差しかかった頃には、日野
山の「方丈の家」に「老いたる蚕の繭を営むがごとし」と籠もるのだ。
一種の「引きこもり」状態に入っている。神主の子でありながら、坊主

のような風貌で僧衣をまとった長明の姿を描いた肖像画は印象的である。

　注目すべきことは、出家して「**世を捨てた**」といっても、歌の道は捨ててはいなかったのである。何故なら、正治2（1200）年、長明46歳の頃から元久2（1205）年まで、各所での歌合せに再三出席して活躍している上、和歌所の「寄人」にも選ばれており、『新古今和歌集』には長明の10首が選ばれている。50歳で出家した理由として、多くの文献は「河合神社禰宜事件」がきっかけであるとしているのは、当たらないと思う。先に指摘したように、その件は、建久9年に決着しているのだ。歌の才能は認められていたとはいえ、身分は相変わらず「従五位下」という、7歳のとき以来の爵位のままであって、神官としての固定した地位もなく、官位が低い状態での歌合せへの出席は、身分上の差別も予想されるし、非常に肩身の狭い立場であったと思われる。様々な要因が重なって、長明の精神が耐えられる「**閾値**」を超えてしまったのが、出家の本因ではないのか。

　後鳥羽院の好意は、何の役にも立たなかったのである。出家の後、下鴨神社参拝の際、手水舎で読んだ歌には、切なくも寂しい心情が「みのも（水面）」に映る自らの姿に凝縮されている。

　"右の手もその面影もかわりぬる、我をばしるやみたらしの神" 長明は、生涯に340首ばかりの和歌を詠んでいるにしても、その中に「神」や「神社」に関する歌は非常に少なく、数えるほどである。「和歌」にかまけて、神社での日々の「勤め」を怠っていたのではないかと想像する。実際、7歳の時の位階「従五位下」のまま、全く変化していないのには理由があるのではないか。「祐兼」の息子達は、長明に比べて遥かに若いのに、より高い位を与えられているからである。「祐兼」の用意周到の陰謀（？）に完全にはまっているようにも見える。将棋に例えるなら、その時点で長明は完全に「詰まされている」のだと思う。父親を若くして失ったことが、その大きな遠因の一つともいえるが。

2．下鴨神社と河合神社を訪ねる

　今でこそ、京都山城の「上賀茂神社・下鴨神社」は有名であるが、大和朝廷の時代より前に、古くから金剛山・葛城山山麓（奈良県御所市）に栄えていたとされる「葛城王朝」があり、その豪族として鴨の部族が存在していた。鴨族の子孫は、全国的な広がりをみせ、鴨（加茂、賀茂等）の分社は、千数百社を数えるが、その源はすべて「葛城」に発していると見る説があるのである。

　この葛城地区には、古くから名神大社として、京都の賀茂神社をはじめとして全国の賀茂系神社の総本山となる「**高鴨神社**」（上鴨社）が、金剛山東山麓に鎮座している。高鴨神社の他にも、「**御歳神社**」（中鴨社）や「**鴨都波神社**」（下鴨社）、「**一言主神社**」、「**高天彦神社**」などは、いずれもこの地区での名神大社であった。

　さて、この「鴨族」の出自は、『古事記』や『日本書紀』等にも詳しく出ている。『古事記（中）』の神武天皇の段で、「**八咫烏**（やたがらす）」の話に出ている。神武東征軍が、剣呑な熊野から、大和に転進しようと苦労している時、高木神の命令で「今、天上から八咫烏を遣わそう。……（中略）……その八咫烏の後について進め」とある。『日本書紀』の場合は、天照大神が「吾は今、八咫烏を遣わすから、天皇を案内せよ」という指示を出している。この八咫烏は、「鴨建津之身命（賀茂建角身命）」の化身であり、神武天皇を助け、無事大和に誘導したと伝えられている。大和が平定された後、この賀茂建角身命は、賀茂川と葛野川（高野川）の合流地点（只州ともいう）、即ち、現在の下鴨神社辺に定住した

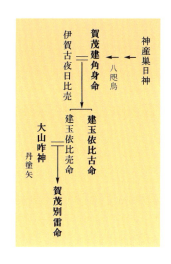

とされる。前頁の系図が示すように、賀茂建角身命は、やがて丹波の国の伊賀古夜日比売と結ばれ、建玉依比古命と建玉依比売命を授かっている。『山城国風土記』にある賀茂説話には、建玉依比売命（玉依日売）に関する興味深い伝承も残っている。

『古事記（中）』から一部引用すると「ある時、玉依日売が石川の瀬見の小川で川遊びをしていると、丹塗矢が流れてきた。これを取って、床の辺りに挿しておくと、姫はやがて孕んで男子を生んだ」とある。やがて、この子は成長して、「賀茂別雷命」と命名され、現在の「上賀茂神社」の祭神として祀られているが、下鴨神社の祭神である「賀茂建角身命」の孫にあたり、この丹塗矢は「大山咋神」の化身とされている。

賀茂川と高野川の合流地点の中洲（只洲）に神社を建てることは、絶えず洪水の危険に晒されるため、後知恵で考えれば不合理なことだと考えられるが、それなりの理由があってのことである。

古くは、あの熊野大社本殿も中洲に建てられていたのである。その発想の原点は、二つの川の合流点にある。ここは、まさに女性の「子宮」をイメージした「生命誕生」の場所なのであり、俗にいう「パワースポット」にあたるのである。

御所市にある「鴨都波神社」も、葛城川と柳田川の合流点にあったとされる。

この葛城地区の「高鴨神社」などの祭神と、右記の「上賀茂神社」や「下鴨神社」の祭神を比べていくと、興味深いことが見えてくる。

この神社が鎮座する場所は、御所市高天であり、天孫降臨の神話に登場する「高天原」の候補地の一つにもなっている。祭神の「高

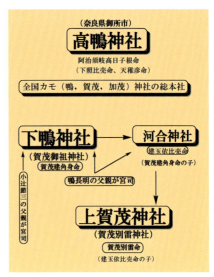

第五章　古典にゆかりの古社・参拝

御産巣日神」は「天津神」である。一方、「高鴨神社」の祭神を見ると、「阿治須岐高日子根命（アジスキタカヒコネノミコト）」となっており、この神は「大国主命」の御子で「国津神」系であると同時に、配神として祀られている「下照比売」の夫「天若日子（天稚彦命）」は、高御産巣日神と天照大御神の命令で天下ったはずの天津神である。御所市宮前町にある「鴨都波神社」の祭神は「国津神」系の「事代主命」である。

　要約すれば、葛城鴨系の神社には「高御産巣日神」の流れがあり、山城鴨系の「上賀茂・下鴨神社」の祭神は「神産巣日神」の末裔で、いずれも「国津神」と合体していることである。大和朝廷が葛城王朝を吸収合併した状態を暗示しているようであり、更に、大国主命が、下鴨神社の「干支の社」として祀られているのも、意味がありそうである。

下鴨神社（賀茂御祖神社）＆　河合神社
（京都市左京区下鴨泉川町59）

京都駅から市バスで「下鴨神社前」または「糺の森」で下車すると神社の西側（神社に向かって左側）に出るので、右側の駐車場を横切っていけば、広い参道の前に朱色の立派な大鳥居（左下図）が現れる。この鳥居を抜けて更に進めば、その向こうに、朱色の大きな楼門（右下図）が見えてくるが、楼門から中に入ると景色は一変する。色々ある建物（舞殿、神服殿など）の色がすべて黒ずんでおり、雰囲気が急に引き締まった感じがする。舞殿を横に見て、中門から中に

163

入ると、興味深いことに、「干支の社（言社）」という、小さい七社にぶつかる。この社は、大国主命の７つの異名に因んだもので、大国主神（**子**）、大物主神（**丑、亥**）、大己貴神（**寅、戌**）、志固男神（**卯、酉**）、八千矛神（**辰、申**）、大国魂神（**巳、未**）、顕国魂神（**午**）となっており、それぞれの生まれ年の守り神とされているのだ。この神を祀っているということは、やはり「国津神」系と「天津神」系の融合を暗示していると考えられる。その奥に本殿があるが、祭神が東西の二カ所に分かれて祀られている。全体的な印象としては、古社の風格はあるものの、色々な建物が狭い範囲に密集しているので、何かゆったりした雰囲気に欠けるきらいはある。この神社の由緒書きによれば、系図に「賀茂建角身命」の子「鴨建玉依彦命」より十一代後の孫「大二目命」が、この社を奉斎したとあることから、山城国一宮として、かなり古い創建であることは間違いない。

下鴨神社を後にして、大鳥居の前の長い参道を南に向かって「糺の森」を進めば、鴨長明の願いが届かなかった「河合神社」が姿を見せる。下鴨神社の摂社として、「玉依比売命」が祭神として祀られている。『延喜式神名帳』では、正式には「鴨川合坐小社宅（かものかわあいにますおこそやけ）神社」と呼称され、名神大社となっている。御由緒によれば、現在の本殿は江戸時代前期の修造によるもので、明治10年に下鴨神社の摂社とされた。

賀茂川と高野川の二つの川の合流点にあるので「河合（川合）社」とか「只洲社」あるいは「糺す社」とも呼ばれていた。

神門をくぐると、すぐ目の前に舞殿が構えており、その右側には、「六社」という集合社があり、諏訪社や稲荷社なども祀られている。舞殿の前には拝殿（右）が、その奥に本殿があり、その隣には

第五章　古典にゆかりの古社・参拝

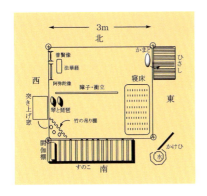

方丈の家

貴船社が祀られている。

　舞殿の右側には、「方丈の家」（平成27年10月撮影）のモデルハウスが見えるが、これは先に述べたように、そんなに古いものではない。案内板には、詳しい経緯は全く記されていないので、残念ながら、誰がいつ頃この模型を制作されて神社に寄贈されたのかは不明である。

　長明が大原から日野に居を移したときの様子を、『方丈記』は「**広さはわずかに方丈、高さは七尺がうちなり**」と書いており、更に建物の内部の様子を細かく描写しているので、『方丈記』（大福光寺本）の記述を少し引用すると、「**東に三尺ばかりの庇をさして……よすがとす。南、竹の簀**（すのこ）**を敷き、その西に閼伽棚**（あかだな）**を作り、北に寄せて障子を隔て、阿弥陀の絵像を安置し、そばに普賢をかき、前に法華経を置けり。東の際に蕨のほどろを敷きて、夜の床とす……**」とかなり詳しい。その説明内容を頼りに図解すれば、左上図のようになる。

　東側のひさしの下には、煮炊きする「かまど」があるようだ。右上の写真にあるレプリカの方位は、建物の東側を示していることになり、竹の「すのこ」のある南側が西側に向けられているのは、『方丈記』の説明を無視していることになる。手前右側（南側）に90度回転させないといけない。また、西側には、明かり取りの「上げ窓」があるはずなのに、このレプリカでは、板塀のみで何もない。いずれにしろ、原文に忠実な模型となっていないのは、不可解である。

165

最近（平成28年3月）参拝した時には、竹の横棒の柵の代わりに、方丈の周囲を竹やぶの垣根で囲んであったのには驚いた。原文には、窓や出入り口の配置には説明がないので想像するしかないが、古本系も流布本系も、内部の説明にかなりの相違があるので、この模型も参考程度のものと理解する（簗瀬一雄『校注・鴨長明全集』）。

　とにかく五畳弱の非常に狭く簡素な庵で、長明は寝起きしていたわけであるが、この程度の空間でも、独居するには充分な、落ち着く広さかもしれない。

　江戸後期の人・良寛が、晩年に、故郷・越後の国上山の中腹にある「国上寺」近くの「五合庵」で、厳しくも寂しい「世捨て人」として**「人に乞うて、資を得る」**という状態で、20年の日々を過ごしたのと比べれば、鴨長明の「方丈の庵」の生活は、気兼ねもないので、満更捨てたものでも無さそうな気はする。

コラム

小辻誠祐（節三）という人

— 杉原千畝の「命のビザ」を更に補強・完結させた人物 —

　下鴨神社の神主（父：喜三郎）の末子として、明治32（1899）年、京都に生まれた小辻誠祐（節三）の幼少時代は、お寺よりも神社内で遊びまわる方が好きな、神社文化の申し子のような子供であったようだ。それが、13歳の時、明治天皇の崩御とそれに続く乃木大将夫妻の殉死というニュースに、子供ながら心を揺さぶられたと書いている（参考：小辻誠祐『ユダヤ民族』誠信書房）。多感な年頃に起きたこの事件以来、悩める少年は寺町の古本屋で『旧新約全書』を、有り金全部はたいて買い求めたそうである。しかも、15歳の終わる頃には、その書物を完全に読破していたと述べているのには驚かされる。何とも不思議な霊感を受け

第五章　古典にゆかりの古社・参拝

たという。それ以後、彼の人生観は全く変わってしまったようだ。神主の子でありながら、親の反対を押し切って明治学院の神学部に進学・卒業後、旭川の牧師になるも、キリスト教の教義（『新約聖書』）に疑問を感じ、『旧約聖書』を読み解くべく、ヘブライ語を学びに、28歳の時にアメリカのオーバーン大学院に留学している。更に、31歳の時には、カリフォルニアの太平洋宗教大学のバデー博士の下で神学博士号の学位まで、取得している。

（参考：山田純大『命のビザを繋いだ男』NHK出版）

　ダビデ・ソロモンの栄華の時代を除けば、ユダヤ人の歴史は、「バビロンの捕囚」以後、苦難に満ち溢れている。特に11世紀の十字軍以後20世紀にかけて、ヨーロッパ各地でのユダヤ人への迫害は数え上げたらきりがない。国を持たない人々の運命が、如何に過酷なものかを、我々は肝に銘じるべきである。幸いなことに、日本とユダヤとの関係は、不思議なくらい友好的な事例が多い。日露戦争で戦費が逼迫していた日本に、手を差し伸べてくれた人物に、ユダヤ人の銀行家「**ヤコブ・シフ**」がいた。当時、世界中の誰もが、日本の敗戦を予想していた中での「賭け」に近いものだったのである。一方、本題のタイトルにあるように、ユダヤ人に救いの手を差し出した日本人が多数存在する。まず、リトアニアのカウナス領事代理であった「**杉原千畝**」（六千人の命のビザ）であり、更に敦賀に上陸したユダヤ人難民の生活やビザの延長等に東奔西走した「**小辻節三**」、また、その背後で助力を惜しまなかった、満鉄総裁および外務大臣時代の「**松岡洋右**」をはじめ、満州に避難してきたユダヤ人に、輸送のための列車を手配し、救援の手を差しのべた「**樋口季一郎少将**」や、さらにウラジオストック日本総領事代理「**根井三郎**」など、多くの日本人が、自らの信念から最大限の尽力を惜しまなかったことを忘れてはならないと思う。但し、ユダヤ人難民を助けたのは、日本人ばかりではない。映画『シンドラーのリスト』で話題になったドイツ人「**シンドラー**」や、第二次世界大戦中、ハンガリーから10万人とも言われるユダヤ人を救出したスウェーデンの外交官「**ラウル・ワレンバーグ**」という人物（参考：M. ニコルソン＆D. ウィナー〈日暮雅通訳〉『ワレンバーグ』偕成社）がいたことも記憶の底に留めておきたい。

167

3. 『徒然草』から見えてくる「兼好法師」の実像

　鴨長明は、50歳頃に出家したとされているが、その出家は何かしら自発的とは言い難い雰囲気が漂っている。それに反して、兼好の出家は、かなり早く32歳頃とされており、『徒然草』を読む限り、いかにも悠々自適な生活で満たされた出家のようにも見える。

　鴨長明とは全く異なり、兼好は、94代「後二条天皇」の配下で、官職は「蔵人→左兵衛佐」で、位階は「従五位下」と長明と同じではあるが、今で言えば「国家公務員」のような安定したポストに、しばらく落ち着いていたはずである。彼が26歳くらいの時に、後二条天皇が若くして崩御し、その前には関東で大地震があり、更に京では疫病がはやるというような事情や、深刻な社会変動や政変があったにせよ、世の無常を感じて出家したとも思われないのだ。

　一方、鴨長明より少し前の時代の「西行」は、23歳の時に「妻子」を捨てて出家しており、江戸後期の僧で歌人「良寛」も、18歳で「親・兄弟」を捨てて出家し、仏門に入っているところを見ると、この二人には、よほど強い動機があったに違いないと想像される。彼らと比較すると、兼好の出家の動機は全く判然としないし、鴨長明のような「悲壮感」や「諦観」は感じられないのだ。

　実際、『徒然草』を読み進めていくと、例えば「**第25段**」などには、長明と同様の叙述を想起させる文章「**飛鳥河の淵瀬常ならぬ世にしあれば、時移り、事去り、楽しみ悲しび行きかひて、はなやかなりしあたりも人住まぬ野らとなり、変わらぬ住みかは人改まりぬ……**」が見られる一方、「**第155段**」の中頃には、「**春暮れてのち、夏になり、夏果てて、秋の来るにはあらず。春はやがて夏の気を催し、夏より既に秋は通ひ、……**」とあるように、自然の移り変わる有様を、淡々と客観的に表現している。『方丈記』の文章に見られる、そこはかと無く、滲み出るよう

第五章　古典にゆかりの古社・参拝

な無常観とか寂しさは浮かんでこない。

さて、兼好は本名「卜部兼好（うらべかねよし）」と言われているが、「卜部氏」は、平安時代中期頃から「吉田神社」の神祇官で、右図の家系図にある「兼茂」の六代前の「兼忠」の所で「吉田神社系」と「平野神社系」に分かれている。代々神職の家柄ではあったが、更に「兼茂」の二人の子供（兼直と兼名）の代で分家し、兼直（長男）の系統が本家となり、代々「神祇官」を勤めるようになっており、本流から外れているのは、鴨長明の立場とよく似ているといえる。また、兼

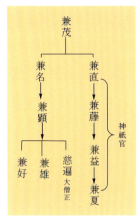

卜部氏系図

好の兄「慈遍」が大僧正になっていることは、非常に興味深く、分家としての自由度が感じられる。兼好の出家にも多少影響を与えているのかもしれない。

一方、150年ほど後には、吉田家の嫡流とされる人物に「**吉田兼倶**」が知られている。吉田兼倶は、「神・儒・仏」の三種混交の「唯一神道」（吉田神道）を大成した神道家で、室町から江戸時代にかけて活躍した人物である。ところで、卜部家が吉田家を名乗るようになったのは、上記の系図右側にある本家の「兼夏」の次の次「兼煕（かねひろ）」の代からとされており、その影響かもしれないが、江戸時代頃から「吉田兼好」という名称に変えられたようである。また、出家した後は「兼好法師」と呼ばれたのは当然かもしれない。

『方丈記』と違って、『徒然草』の中には、神社に関連した興味深い話が、しばしば出現する。**第25段の中ごろの文章には、「神の社こそ、すごくなまめかしき物なれや。物古りたる杜のけしきもただならぬに、（中略）……ことにおかしきは、伊勢、賀茂、春日、平野、住吉、三輪、貴布禰、吉田、大原野、松尾、梅宮。**」とあり、有名な古社を次々と列挙しているが、その配列の順番を見ると、格式の高さを意識している

169

ようだ。**第52段**のところでは、「仁和寺」の法師が初めて「**石清水八幡宮**」を参拝したつもりが、実は勘違いのまま、摂社である「**高良**（こうら）**神社**」を参拝して戻ってきたという笑い話や、**第236段**でも、「**出雲大神宮**」（現京都府亀岡市）を参拝した際、子供の悪戯とも知らずに、上人が、配置の変わった狛犬にいたく感激して、落涙するばかりになったという滑稽話などを紹介している。そこで、兼好が話の種として取り上げている由緒ある古社の中から、以下に数社を訪ねてみることにした。特に、石清水八幡宮は、平成28年2月9日に、本殿を含む10棟および棟札3枚が国宝に選ばれたので、今後は一層参拝者で賑わう神社だと思う。

『徒然草』の**第192段**には、「**神仏にも、人の詣でぬ日、夜、まいりたる、よし**」とあるように、人々が大勢参拝する祭礼の日や、桜の季節、紅葉の秋などは、確かに参拝を避けた方が無難かもしれない。ザワザワとした雰囲気の中では、落ち着いた気持ちで境内を散策できないことは確かである。いつも参拝客で混雑している伊勢神宮や、京都の伏見稲荷大社などは別格であるが、この石清水八幡宮にも年間110万人（平成25年）の観光客が訪れている。

石清水八幡宮
（京都府八幡市八幡高坊30）

清和天皇の貞観元（859）年に、奈良大安寺の僧「行教」が、宇佐神宮の御託宣を受けて、翌年、男山・山頂に創建された。この神社は、京都の裏鬼門（南西）の位置にあり、鬼門（北東：丑寅）にある比叡山とともに、神仏が都を守護していることになる。祭神は、八幡大神として、応神天皇（品陀和気命）、比咩大神（宗像三女神）および神功皇后（息長帯比売命）が祀られている。記紀によれば、神功皇后は、大きいお腹を帯で支えたまま、新羅征伐に加わり、筑紫で応神天皇を出産した女丈夫である。現在の社殿は、寛永11（1634）年、徳川家光の時代に修造された。

〔境内散策〕京阪電車「八幡市駅」で下車して、右方向（西側）に出れ

第五章　古典にゆかりの古社・参拝

ば、男山ケーブル線駅はすぐ近くである。男山山上駅で下車し、西側の道を5〜6分登って参道に出るルートが一番楽で年寄り向きと言える。足に自信があれば、ケーブルを利用しないで表参道を歩く方が良いかもしれない。八幡市駅から高々30分程度の散策である。駅を出て左方向にしばらく歩いて行けば、石造りの「一の鳥居」が見えてくる。その鳥居をくぐり抜け、更に進めば、石清水八幡宮の「頓宮殿」に突き当たる。全体が砂地の境内を通り抜け、その南総門を出ると、すぐ右側に社務所のような建物があり、そのすぐ横に摂社である「**高良神社**」の鳥居（右）が見え、その右奥に、社殿にしては、かなり小ぶりの拝殿（右）が鎮座している。

この神社こそ、上述の『徒然草』52段に出てくる社である。この神社には、樹齢700年の見事な「タブの木」（右下）も見える。

現在の高良神社は、明治12年に再建されたとあるが、兼好の時代にあっては、相当大きな神社であったようだ。

当時、高良社周辺には、立派な極楽寺なども建っており、八幡宮と高良社を取り違えて帰ってしまったらしいが、老齢のためにボケ気味であったのかもしれない。

高良神社の少し先に見える、二の鳥居を過ぎ、道なりに表参道を

登りきると、右側に石造りの「三の鳥居」(右)が現れる。

この鳥居をくぐり、石畳の参道を真っ直ぐに進めば、左右に、様々な形の灯籠がぎっしりと並んでいるのが目に飛び込んでくる。参道を更に進めば、朱色の「南総門」に達する。この門を抜けると、その奥にやはり朱色の社殿が現れる。賽銭箱が置いてあるので、一般的には拝殿のように見えるが、当社の説明書きでは「楼門」(右)という名称のようだ。

長い廻廊が社殿全体を取り囲んでいる。平成28年2月9日には、本社10棟および棟札3枚が、国宝に指定された。

向かって左側(西)の廻廊を回っていくと、左側に瓦を挟み込んで堅牢にした土塀「信長塀」が続いている。

その奥には、校倉造りの建物があり、右奥(東側)には、若宮社や若宮殿社がある。

社殿を後にして、参道を南に進んでいくと、右側に、かなり立派な「エジソン記念碑」が建てられている(上)。
"To the Memory of Thomas Alva Edison (1847-1931)" と刻まれており、1879年に、エジソンが「白熱電球」を発明した時に使用した炭素フィラメントの材料が、その後十数年間、男山周辺の竹林の竹から作られた

172

と伝えられている。
　実際、特に山頂付近や、表参道の三の鳥居の手前の両側や、男山ケーブル駅付近には、立派な竹林が繁茂している。

出雲大神宮
（京都府亀岡市千歳町出雲無番地）

　『徒然草』の第236段に「**丹波に出雲という所あり。大社を移して、めでたく造れり**」と書いてあるので、島根県の「出雲大社」を当地に勧請したかのような錯覚を覚えるが、島根の「出雲大社」は、元々『延喜式神名帳』にも「杵築大社」という名で記載されており、それが明治4（1871）年から、現在名に改称されたものである。『丹波国風土記』には、出雲大神宮の祭神を移して祀ったのが「出雲大社」だという伝承もあるので、この神社は俗に「元出雲」と呼ばれている。更に、ご当地、亀岡の当社の周辺は現在でも「出雲」という地名になっており、出雲大社の本家を名乗るというのも、それなりに意味があるのだ。古くは「出雲神社」とか、「大八洲国・国祖神社」とも呼ばれていた。この神社の背後には、神体山としての「御影山」があり、神奈備信仰という古代信仰の名残をとどめ、磐座（下）も鎮座している。
　神体山と磐座と言えば、奈良県桜井市三輪にある古社「大神神社」には、拝殿の背後に御神体とされる「三輪山」がある。大神神社の祭神は「大物主神」・「大己貴神」・「少彦名神」である。一方、出雲大神宮の祭神は、「大国主命」と「三穂津姫命」の二柱とされる。大国主命には、多くの異名があり、大神神社に祀られている三輪の神「大物主神」・「大己貴神」は同神なのである。記紀にも書かれているように、出雲の海の彼方から、降臨してきた神こそは、大己貴神の「幸

魂・奇魂」であり、求めに応じて「大和の三輪山」に祀られたと記されているように、人格神を包含した、一回り大きな名「大物主神」に格上げされたと理解すれば良いのではないか。新興勢力の「大和朝廷」の力が強くなった結果、旧勢力の「出雲王国」の弱体化による「国譲り」という記紀の背景を理解する上で、この神社の存在は非常に重要である。丹波→出雲→大和という祭神の流れがよく分かる神社なのだ。

　石造りの明神式鳥居（左下）をくぐれば、堂々とした、出雲大社の雰囲気にも似た立派な社殿（右下）が現れる。社殿の前方左右には、狛犬が右「ア」・左「ウン」の形で、睨みをきかしている。

『徒然草』の第236段の説話のように、悪戯な子供が勝手に動かせるような「木製」の狛犬ではない。現在でも、木製の狛犬を置く神社はあるが、大抵は室内に安置して、保護している。

　当社の社殿創建は、和銅２年とされ、現在の建物は、鎌倉時代・貞和元（1345）年に足利尊氏、後に細川勝元により修造され現在に至ると伝えられている。

第五章　古典にゆかりの古社・参拝

4.『枕草子』と古社

○『枕草子』と清少納言

　清少納言の出生や没年、本名などに関しては、あまり明確には分かっていないようだし、その系図についても諸説（参考：萩谷朴校注『枕草子〈上〉』新潮社）があって、必ずしも判然としない部分はある。上記の文献によると、遠祖は天武天皇の第六皇子「舎人親王」にまで遡るようであるが、9世紀中頃から、藤原氏の台頭とともに、その家系の影が

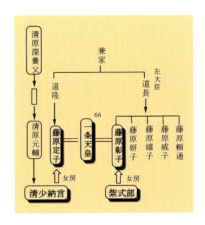

薄くなってしまったようだ。清少納言は、父「清原元輔」の晩年に生まれた末娘で、官位は低いが、歌人としての才能を発揮していた父親の影響を強く受け、その才能を引き継いでいると思われる。彼女の祖父又は曾祖父と言われる「清原深養父」も歌人として知られていたようであり、三人とも「百人一首」に選ばれているのは、大変めでたいことである。念のため、以下に、三人の歌を記しておきたい。

　①清少納言　「夜をこめて　鳥の空音ははかるとも　よに逢坂の関は
　　　　　　　　ゆるさじ」
　②清原元輔　「契りきな　かたみに袖をしぼりつつ　末の松山波越さ
　　　　　　　　じとは」
　③清原深養父「夏の夜は　まだ宵ながら明けぬるを　雲のいづこに月
　　　　　　　　やどるらむ」

　上の系図は、第三章の一部を書き換えたもので、清少納言と紫式部は、非常に対照的な位置にあるのがよく分かると思う。藤原道隆の娘

175

「中宮定子」に「女房」として仕えたのが「清少納言」であり、藤原道隆の弟である道長の娘「彰子」に仕えたのが「紫式部」である。紫式部の宮仕えは、清少納言が去って5年くらい後の事で、両者が直接顔を会わせる機会はなかったようだが、『紫式部日記』の中では、清少納言のことを一方的に酷評している。少し前の文章で、「人には、それぞれ長所・短所があるのだから、他人を非難し自分だけが良いとする態度は、浅はかである」（参考：山本利達校注『紫式部日記・紫式部集』新潮社）などと述べているのとは、随分矛盾している。清少納言に対するライバル意識というより、身分の低い清原家の娘に対する蔑視とも取れる、妙な優越感が気になる。あまり品が良いとは言えない態度である。

　藤原家の兄弟の娘が、共に第66代「一条天皇」の后になっている事実は、少し異常ではある。先に嫁いだ「藤原定子（女御→中宮）」の父親・道隆が亡くなるとすぐ、道長が、まだ若い娘の「彰子」を、手練手管で「一条天皇」の中宮に押し込もうとするやり方は、かなり露骨だ。その結果、「中宮定子」は「皇后定子」に、一見格上げしたように見せかけている。娘に「皇子」が誕生すれば、外戚としての権力が強まる可能性が高くなるからである。実際、他の三人の娘を、すべて天皇家に嫁がせることにも成功し、「この世をば、わが世とぞ思う望月の……」と歌にあるように、道長は、自分の権勢の絶頂期をつくり上げることになる。一方、定子の兄「藤原伊周（これちか）」が事件を起こして失脚した影響からか、皇后定子はやがて出家して尼になるも、「一帝二后」の状態のまま、三人目の出産後の肥立ちが悪かったためか、24歳という若さで亡くなってしまうのだ。

　『枕草子』の、全体的に簡潔で無駄のない、歯切れの良い書き方には、独特のものがある。様々な事項を的確に分類し、その特徴を端的に表現できる能力に長けている。若々しく利発な「中宮定子」と、打てば響く才女である清少納言は、お互いに非常に波長が合い、約9年間、心から共鳴しあう間柄であったようで、その蜜月の状態で『枕草子』は書き進められたとされる。

第五章　古典にゆかりの古社・参拝

　さて、『枕草子』にも、第229段には「社は」という見出しで、比較的京から遠い地方の神社数社を取り上げる一方、第272段では「神は」というタイトルの中で、特に格式の高い、畿内22社（天皇が奉幣する神社）の内、京の周辺の八社（松尾大社、岩清水八幡宮、大原野神社、春日大社、平野神社、伏見稲荷大社等）を挙げている。そこで、その中から、京都の「大原野神社」と「松尾大社」および「伏見稲荷大社」を取り上げてみたい。

大原野神社
（京都市西京区大原野南春日町）

　社伝によれば、延暦3（784）年、奈良・平城京から長岡京へ遷都の際、藤原氏出身の皇后の便宜をはかるため、氏神である春日大社の神を勧請。嘉祥3（850）年に、文徳天皇が祖父藤原冬嗣の願望を思い出し、壮麗な社殿を造営したとされる。藤原氏の勢力が盛んな時は、一族に「女子」が生まれると必ず、「中宮・皇后」になれるようにと祈願のための参拝を行う習慣があったようで、願いがかなえば、更に盛大なお礼の行列なども執り行われていたとされる。

　広い通りに面した、石造りの「一の鳥居」（明神式：下）をくぐり、「二の鳥居」を過ぎ、更に「三の鳥居」へ向かう参道の両側は、紅葉や桜の木が多く、春と秋は参拝をかねて散策するのには、絶好のポイントである。朱色の「三の鳥居」の右手前には、「鯉沢の池」が見え、その奥には、一本の「千眼桜」が「枝垂れ柳」のように枝を広げている。更に進むと、その向こうに、「拝殿」（次頁）が現れる。春日大社と同様、朱色に塗られており、小ぶりではあるが、落ち着いた雰囲気の建物である。写真（次頁）ではよく見えないが、拝殿の前に

は、狛犬ではなく「狛鹿」が左右に鎮座している。祭神としては、春日大社の四柱の神(建御賀豆智命・伊波比主命・天之子八根命・比賣大神)が祀られている。南面する本殿に向かって、右から第一殿に建御賀豆智命、第二殿に伊波比主命が祀られている。前者は、

常陸(茨城)の「鹿島神宮」から、後者は下総(千葉)の「香取神宮」から、それぞれ勧請され、藤原氏の氏神となったものである。また、第三殿の天之子八根命と一番左側の第四殿の比賣大神は、もともと「枚岡神社」から春日大社に迎えられていた神々で、藤原氏の祖神でもある。「鹿」も同様に神使いとして、その昔、鹿島神宮から春日大社の方に、はるばる伝えられたものを、そのまま受け継いだと考えられる。

松尾大社
(京都市西京区嵐山宮町)

御由緒によれば、神社の創建は文武天皇の大宝元(701)年に、秦忌寸都理(はたのいみきとり)が、松尾山の山麓に社殿を初めて造営したとあるが、当地には「秦氏の祭祀」以前に、山頂に「磐座」もあることから、地元の祖神を総氏神として秦氏が継承したと考えられる。

　5世紀頃、朝鮮から渡来した秦氏が当地に移住し、「山城・丹波」地方を開拓し、治山治水や農業・養蚕・機織等の殖産興業に貢献したと伝えられるように、秦氏の存在は非常に大きかったと考えられる。祭神は、「大山咋(くい)神」と「市杵島姫命」の二座とされるが、『古事記(上)』の「大国主神」の系譜の中に、「大山咋神、亦の名は山末之大主神。この神は「淡海国の日枝山に坐し、また葛野の松尾に坐して鳴鏑(なりかぶら)をもつ神なり」という記述があるように、山の頂に鎮座して、この地一帯を支配し、比叡山と松尾山に君臨する神ということ

第五章　古典にゆかりの古社・参拝

になる。市杵島姫命の別名は「中津島姫命」で、宗像大社の「中津宮」を示すとされるが、異説もある。先に下鴨神社の項で「丹塗矢伝説」を引用したが、同様の伝承が松尾大社にもある。塗り矢は「松尾大明神」そのものとされる一方、「松尾山」は「別雷山」と

いう別称もあり、「賀茂（鴨）氏」と「秦氏」の間には、非常に濃厚な関係が認められる。また、松尾大社の神職は「秦姓」を名乗り、下鴨神社の神主の名も、はじめは「秦姓」であったものが、やがて「鴨姓」に変わっているのだ。

　桂川に掛かる松尾橋を渡ると、朱色の明神式大鳥居が見えてくる。更に進むと、やはり朱色の「二の鳥居」（右上）が現れる。その鳥居をくぐり、その先の楼門（下段右）を過ぎれば、江戸初期の造営とされる重要文化財の「拝殿」（下段左）が現れる。この拝殿（東向き）の右奥に、屋根が頭を出している本殿は、室町初期に建てられた後、室町後期に大修理が施されたとあり、屋根は「両流れ造り」で、千木や鰹木を乗せていない「松尾造り」と言われている。拝殿の右奥、山側に「霊亀の滝」が流れており、近くに「甕の井」という「霊泉」があって、酒造家は、この水を酒の元水として一部利用していると聞く。背後の松尾山の頂上

近くに、巨大な岩（磐座）があるが、一人で登拝することは、安全のため禁じられている。はっきりした理由は分からないが、野生の猿が出没するらしい。

伏見稲荷大社
（京都市伏見区深草藪之内町）

清少納言が、『枕草子』の第229段で「社は」とか、第272段での「神は」という表題で、各地の神社の名を紹介してはいるが、彼女自身が直接神社参拝した経験を詳しく述べているのは、153段の「うらやましげなるもの」のところで述べている伏見稲荷大社の参拝くらいのものである。何がうらやましいのか、その件を少し引用してみると、「**稲荷に思いおこして詣でたるに、中の御社のほどの、わりのう苦しき念じ登るに、いささか苦しなげもなく、遅れて来と見る者どもの、ただ行きに先に立ちて詣づる、いとめでたし**」などと、若い人ばかりか、四十過ぎの女性（その当時としてはかなり老齢）が、軽快な足取りで、一休みしている清少納言を尻目に、スイスイ登っていくのが、いかにもうらやましく、「自分もあのように歩けたらよいのに」と正直に述べている。普段から運動不足なのがはっきりと分かる、正直な記述である。

　神社の中でも、稲荷系神社や八幡系神社は、日本全国に数多く分布しており、両社合わせれば7万社（約90%）以上にも達するのである。しかも、興味深いことに、歴史的に見れば、いずれも「秦氏」が関与している神社である。文献によれば、創建は、元明天皇の和銅4（711）年の二月初午の日に、山城国・深草の長者・秦伊呂具（巨）が、勅命により、三柱の神を稲荷（伊奈利）山の三ケ峰に祀ったことに始まるとされている。

　清少納言が、二月初午の日に、この稲荷神社に参拝したのは、丁度この日が稲荷の祭りの日であったからだと納得する。主祭神の「宇迦之御魂」は「倉稲魂」とも書かれるが、『古事記』には「大宣都 (おおげつ) 比売」、『日本書紀』では「保食 (うけもち) 神」とされ、伊勢神宮の外宮

第五章　古典にゆかりの古社・参拝

の祭神「豊受大神」も含めて、皆同一神格とも言われる。もともと、稲荷神は食物・養蚕を司る農業神として信仰されていたものが、中世・近世にかけての商工業の発展とともに、商・工業神や屋敷神などとなり、更に江戸時代には、稲荷神を勧請する許可が簡単にえられるようになって、稲荷信仰は全国的に広がったとされる。

　稲荷神社の神使いとされる「狐」に関しては、種々の説がある。宇迦之御魂神の別名「御食津（みけつ）神」の「けつ」を狐の古名の連想として「三狐（みけつ）」という名に当てはめるという駄洒落のような説や、「ダキニテン」の本体の狐を稲荷神と習合させた説などがあるが、あまりぴんとこない。一方、『日本書紀』（第十九）に出てくる欽明天皇の所で、「秦大津父」が「格闘のため血まみれになった二匹の狼を助ける」という伝承からくるという説（谷川健一編『日本の神々(5)』179頁、白水社）は興味深い。秦氏の「動物信仰」の中で、「狼（山犬）」や「狐」は、日常的には、鼠や猪などの害獣の天敵として「益獣」であり、特に狼は「大神」としても大切に扱われていたと思われる。但し、狼が次第にその数を減らし絶滅した後に、「狐」が神使いとして変貌し、その影響が大きくなっていったとする方が納得いくような気がする。

〔伏見稲荷参拝〕JR奈良線「稲荷駅」を降りると、すぐ目の前の参道に朱色の大鳥居（第一鳥居・右下）がそびえたっている。

　更に進むと、第二鳥居が現れ、その先に堂々とした構えの随神門（高さ15ｍ：左下）が行く手を遮るかのように立ちはだかる。

181

　この楼門を過ぎると、拝殿（左上）がすぐ現れ、多くの参拝客で賑わっている。特に外人観光客の多いのが目立つ。この拝殿の右側に回ると「五間社流造」で、檜皮葺の美麗な本殿（右上）が姿を見せるが、内部の写真撮影は禁止されているので、中の様子は直接目で確かめるしか無い。

『延喜式神名帳』には、（稲荷の神３座、並名神大、月次、新嘗）と記され、古来、上、中、下の三社に分かれてあったものが、応仁の乱で焼失し、その32年後に社殿が造営されたと記録されている。本殿には宇迦御魂大神・佐田彦大神・大宮能売大神・田中大神・四大神が一宇相殿に奉祀され、これらを総称して稲荷大神と称えられている。

　本殿の片流れ屋根の下には、六本の柱が立ち、この柱間にある五つの空間の後ろに、上記「五柱」の神々が祀られているのである。

　本殿の右後ろ側に回ると、朱色の通称「千本鳥居」のトンネル（右）が目に飛び込んでくる。

　千本鳥居といっても実際は稲荷山（233ｍ）の麓から山頂に至る参道には一万基以上の鳥居がびっしりと密集して立っており、まるで赤く長いジャングルジムをくぐり抜けるような雰囲気がある。鳥居の大

第五章　古典にゆかりの古社・参拝

きさは、様々で、五号から十号までの大きさがある。最大十号の鳥居を奉納するには、130万円ほどかかるそうであるが、注文してから数年待ちの状態で非常に人気があるようだ。

平成27年の10月に参拝したときに、各鳥居に記されている年代を見たが、昭和は、ほとんど見あたらなかった。

鳥居は杉の木を丸く加工・細工した後、「**光明丹**」（化学用語では、四酸化三鉛：Pb_3O_4）という赤い顔料で仕上げられている。腐食防止の目的もあるが、本来は「厄除け」の意味が強い。

『延喜式神名帳』の頃には、名神大社として、先の「三柱」の神が祀られていたとされる。「田中大神」と「四（しの）大神」が加えられているのは前者が「神聖な稲を植える田の神」を表し、後者は「竈（かまど）の神」に相当するとされるが、いかなる理由で配神となったのか不明である。稲荷信仰については、『山城国風土記』逸文の長者伝説がよく引用されている。秦伊呂具が、富に奢って「穀霊としての餅」を的として、矢で射たところ、餅は白鳥と化して稲荷山の峯に飛んで行き、そこに稲が生っていたという奇譚によって《稲荷》という社の名となったとあり、その子孫に至って、先の過ちを悔い改めて社の木を抜いて、家に植え、その木が蘇れば福がえられ、枯れれば福はえられないとある。

5.『とはずがたり』と古社

○『とはずがたり』と二条

「とはずがたり」＝「問わず語り」で、文字のとおり「自分の胸に密かにしまっておけない」心情を吐露した「日記文学」とされている。鎌倉中期の宮廷内で「第89代天皇・後深草院」に仕え、その愛人の一人でもあった「二条」という女性の「自伝的告白」というべき作品である。後深草院以外に、四人の男性とも性的関係をもつ多感な女性であったようである。その内の二人は、実弟の「第90代天皇・亀山院」であり、更に異母弟の「性助法親王」であるということは、現代風に考えれば「近親相姦」のように見えるが、その当時では、有りえた話で非難すべきことではないかもしれない。「性助法親王（本文：有明の月）」は「阿闍梨（あじゃり）」という高徳な僧でも、やはり生身の人間で「二条」という女性の魅力（魔力）に抵抗できなかったのかもしれない。

作者の家系を辿っていくと、父「久我雅忠」の祖父「通親」の係娘「通子」は第83代「土御門天皇」のお后であり、その皇子が「後嵯峨院」であり、その子が第89代「後深草天皇」であるので、両者は血縁で繋がっているのである。また、母方の系図を見ると、母（大納言典侍）の父親（四条隆親）の妹（姉）「貞子」の娘「東二条院」は、作者の母と「いとこ」の関係にあり、「後深草院」のお后なのだ。後深草院が「二条」を、ことのほか大切に扱っているのには、理由があり、東二条院が"二条にやきもちを焼く"

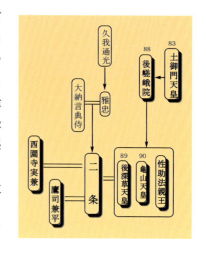

第五章　古典にゆかりの古社・参拝

のも理解できる。

　この作品は、全部で五巻あり、前半の１〜３巻（17〜28歳）までは男性との愛情遍歴に関する記述を中心としており、後半の４〜５巻（32〜49歳）は、出家して諸国遍歴を重ねながらの、本人の自戒の旅日記のようなものである。鎌倉の「鶴岡八幡宮」あたりから宮島の「厳島神社」にいたる、由緒ある多くの神社などを参拝しつつ、修行・懺悔の旅を重ねている。

　まず、東海道を東に進み、尾張の国の「熱田神宮」から駿河を通り、富士の高嶺を見つつ伊豆の「三島大社」に参拝し、更に江の島をへて鎌倉の「鶴岡八幡宮」を拝したあたりで、「慣れぬ旅の疲れから病に伏した」とあるが、その後回復して、武蔵の川越近辺を通り、信州の「善光寺」に参詣し、再び「熱田神宮」へと戻っていくのである。一旦帰京してから、奈良の「春日大社」、翌年京都の「石清水八幡宮」に参拝した折に、「後深草院」と偶然に再会する。その後、伊勢神宮を参拝、二見浦などを旅し、帰京するも、今度は船を使い、須磨・明石を経て「厳島神社」や「吉備津神社」を参拝後、再度帰京している。やがて後深草院が病に伏したと聞き、「石清水八幡宮」に千度参りし、「北野天満宮」や「平野神社」に祈願するも、院は崩御する。葬送の車を裸足で必死に追いかけて行くも、「藤森（ふじのもり）神社」あたりの深い森で見失い、明け方ちかくに「**事果てて空しき煙の末ばかりを見参らせし心の中**」という記述を読むと、その切ない気分が痛く伝わってくるようだ。

　作者「二条」が参拝した神社は、その多くは有名な古社であり、本書でもいくつかは既に取り上げているので、本節では『**とはずがたり**』の最後の方に登場した「**藤森神社**」について紹介してみたい。

藤森神社
（京都市伏見区深草鳥居崎町）

　京阪電鉄「墨染駅」を下車して、北東方向に７分程度歩けば、藤森神社の大きな看板が見えてくる。石造りの明神鳥居（次頁左）を抜け、左右に楠木やスダジイの繁茂した、かなり長い参道を歩け

185

ば、やがて目の前に「拝殿」(右上図)が現れる。神社の由緒書きによれば、平安遷都(794)以前から祀られている古社である。『とはずがたり』の作者「二条」が、崩御した「深草院」の葬送の車を裸足で追いかけて、見失ったという藤森神社の「深い森」のイメージはもはや想像できないほど、現在では住宅地に包囲された社である。

　藤森という名は、その昔、神社の森に藤の木が生い茂っていたからという説や、現在の伏見稲荷大社のある「藤尾」地区に由来するという説がある。鎌倉時代、稲荷山に祀られていた稲荷の三社が、台風で破壊されたため、三社が山麓に移され合体し、そのあおりで「藤尾社」は現在地に移転されたという。当神社の歴史を遡ると、深草郷内にあった「真幡寸(まはたぎ)神社」、「藤尾社」および「塚本社」が統合されて「藤森神社」となった結果、12柱という多くの神々を合体して祀るようになったと思われるが、時代によっても祭神が複雑に変遷している。本殿に「舎人親王」や「早良親王」が合祀される以前に、「鉾(ほこ)神・劔(つるぎ)神」という、武神に関わる神々を祀っていた古い伝承があり、「神功皇后」を祭神に含めているのには理解できる。実際、摂社として「大将軍社」や「八幡神社」も存在する。現在、本殿中座に主神の「スサノオ尊(みこと)」以下6柱の神々が、東座には、天武天皇と舎人親王が、西座には早良親王など3座が祀られている。「スサノオ尊」は明治以降の配神のようで、江戸時代の文献には載っていないのである。本殿(次頁)には、天武天皇の第六皇子で、『日本書紀』を編纂した「舎人親

第五章　古典にゆかりの古社・参拝

王」の石碑も建てられている。前述したように、清少納言の父「清原元輔」や、(曾)祖父とされる「清原深養父」の祖先をたどれば、「舎人親王」にたどり着くことから、「学問の家系」として、伝統を感じさせる。

『とはずがたり』(巻五)の終わり近く、「後深草院」が熱病で倒れ瀕死の状態にある時、作者「二条」は、『徒然草』の52段にも顔を出す石清水八幡宮の式内社に「千度参り」をして天皇の回復を祈るという場面がある。更に容態が悪化し臨終が近いことを耳にすると、今度は近くの「北野天満宮」や「平野神社」にも必死で祈願するというくだりがある。「ただ祈るという行為」にしか頼れない当時の状況と作者の必死の気持ちがよく伝わってくる。平野神社は、伊勢＞石清水＞賀茂＞松尾の次に位置する位階の高い神社であったようだが、現在では、京都でもあまり目立たない神社である。

6.『土佐日記』における寺社

　紀貫之が「土佐守（とさのかみ）」としての5年の任期を終えて、帰京する際の55日間に及ぶ旅路の様子を記録した「旅日記」の形式をとる、初めての文芸作品とされている。「男もすなる日記（にき）というものを、女もしてみむとて、するなり」という有名な出だしから始まっている。作者の生没年は、はっきりしないが、生年は「貞観八～十年（866-868）頃で、没年は天慶八年（945）」とされている。当時としては、かなりの長命である。土佐から帰京する時の年齢も65歳という高齢で、日記が書かれたのは承平5（935）年と推定されている。

　気候に恵まれれば、半分程度の日数で済むところを2カ月近くもかかっており、その間の様々な体験を加味しながらも、船内の人物などには、作者の分身を登場させるという脚色があると言われている。作品中、しばしば「神仏に祈る」という場面が登場しているところを見ると、その当時の船が、主に「手漕ぎ船」であり、帆は補助的にすぎない小さな船であったため、波や風雨などの自然の力に対する脅威や海賊などに対する恐怖心が、非常に強かったことと思われる。船上にいる時間よりも、陸で過ごす時間の方が、はるかに多かったわけで、その間、心の中で単に「神仏に祈る」ばかりでなく、上陸した地元の寺社などを参拝している可能性は大いにあったのではないかと想像する。具体的な神社の名称としては、2月5日の「住吉明神」や、2月11日に見える「石清水八幡宮」などが目に付

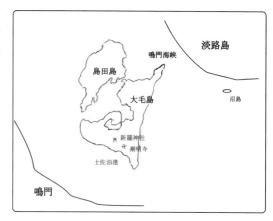

188

第五章　古典にゆかりの古社・参拝

くくらいであるが。

　12月の26日に土佐の大津港を出てから、阿波の「日和佐」あたりに到着するのが、翌年の1月22日であり、約1カ月もかかっているのである。

　日和佐およびその近辺には7日間も逗留しているのに、ほとんど何も書かれていないのだ。1月29日には、「鳴門」の目の前の小さな「大毛島」（前頁）の「土佐泊」（現在の土佐泊漁港）に到着している。淡路島は、すぐ北の方向にある。

　その時の文章を、少し引用してみる：「**おもしろき所に船を寄せて、『ここやいどこ』と問いければ『土佐の泊まり』といひけり**」（『日本古典文学全集　9』小学館）とあり、歌も次のように詠まれている。

　「年ごろを住し所の名にしおへば来寄る波をもあはれとぞ見る」と。この船に乗り合わせた女が、故郷を思い出して懐かしがって歌ったものとして書かれている。作者の「一人二役」の言葉とするならば、「自問自答」していることになり、不自然ではある。土佐泊は、その当時から土佐と京都の間を結ぶ重要な「海上交通の要所」であり、紀貫之が初めて知った土地ということはありえないからだ。

　ところで、現在の土佐泊港のすぐ近くにある真言宗「**潮明寺**」（左下）の境内には、「紀貫之の歌碑」（右下）が置かれており、上記の歌が刻まれている。

　「神仏に祈る」という意味では、土佐泊近辺の寺社を参拝した可能性は

あると思うが、この寺の創建が約450年前ということからすると、無理なようだ。

次に紹介する、かなり歴史のありそうな「新羅神社」にも参拝している可能性はあるかもしれないと想像していたが、この神社の創建年代もはっきりせず、高々400年くらい前までは遡れるようだが、その先は不明なので、単なる歴史ロマンの域を出ないかもしれない。実際に神社の具体的な名が出てくるのは、先に述べたように、2社だけなのだ。

半ばフィクションのような日記とも言われているので仕方がないかもしれないが、ともかくも、この神社を参拝することにした。

新羅神社
（鳴門市鳴門町土佐泊浦字土佐泊）

JR鳴門駅から鳴門公園行きバスに乗り、「土佐泊」停留所で下車すればよいが、一日の本数は非常に少ない。タクシーなら10分くらいの距離である。石造りの鳥居（左下）をくぐれば、すぐ目の前に、急な階段（右下）の奥に拝殿も見えてくる。

杉やケヤキ、スダジイやモチノキなどの木々が鬱蒼と繁茂しており、昼間でもかなり暗く人気は全く無いが、よく手入れされており、歴史を感じさせる神社ではある。若干ひなびた拝殿の背後には、木々に囲まれた本殿が見える。「新羅」を「しらぎ」と読む神社もあるが、当地の神社は「しんら」と読む。

第五章　古典にゆかりの古社・参拝

　福井県南条郡今庄町や青森県八戸市にある新羅神社も同様の読みでハングル読みに近い。また、表記も「白木」とか「白城」などと多様に変化した名称の神社が、日本各地（北は青森県から南は九州地方まで）かなり広く分布している。祭神は、「須佐之男命（素戔嗚尊）」と、その御子「五十猛命」で、当社では「土佐泊神」とも言われる。記紀神話に関わる神々である。

参考図書

1) 簗瀬一雄『校注・鴨長明全集』（風間書房、1971）
2) 柿園聖三『歴史研究』**58**（7-8）、p. 16–17（2016）
3) 簗瀬一雄『方丈記解釈大成』（大修館書店、1972）
4) 稲田利徳・山崎正和共著『方丈記・徒然草』（新潮社、1990）
5) 簗瀬一雄『方丈記全注釈』（角川書店、1987）
6) 大曽根章介・久保田淳共編『鴨長明全集』（貴重本刊行会、2000）
7) 大隈和雄『方丈記に人と栖の無常を読む』（吉川弘文館、2004）
8) 遠藤寛子『清少納言』（講談社、1999）
9) 岸上慎二『清少納言』（吉川弘文館、1987）
10) 萩谷朴校注『枕草子（上）』（新潮社、1997）
11) 石田穣二訳注『枕草子下巻』（角川書店、1991）
12) 冨倉徳次郎『卜部兼好』（吉川弘文館、1987）
13) 西尾実・安良岡康作校注『徒然草』（岩波書店、1997）
14) 福田秀一『とはずがたり』（新潮社、1978）
15) 久保田淳校注訳『とはずがたり二』（小学館、1985）
16) 松村雄二編『校注とはずがたり』（新典社、2007）
17) 丸尾芳男『文法全解土佐日記』（旺文社、2007）
18) 『新日本古典文学大系　24』（岩波書店、1987）
19) 『創祀千八百年　藤森神社』（藤森神社刊、2007）

小泉八雲・南方熊楠・宮沢賢治と神社

― 出雲大社・闘鶏神社・胡四王神社等を訪ねる ―

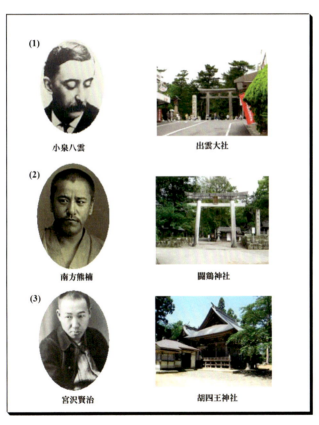

(1) 小泉八雲　　　出雲大社
(2) 南方熊楠　　　闘鶏神社
(3) 宮沢賢治　　　胡四王神社

(1)小泉八雲記念館提供　(2)『南方熊楠アルバム』(八坂書房)より転載　(3)林風舎資料

第六章　小泉八雲・南方熊楠・宮沢賢治と神社

はじめに

　小泉八雲（Lafcadio Hearn）と南方熊楠および宮沢賢治の三人を単純に
並べてみても、特に共通点があるわけではない。アイルランド系イギリ
ス人の父とギリシャ人の母をもち、アメリカの新聞記者であった「ハー
ン（小泉八雲）」、大学予備門（旧制一高の前身）時代に正岡子規や夏目
漱石等と同期ではあったが、枠に収まらず、日本を飛び出した「粘菌学
者」、特にイギリスの大英博物館で活躍した、日本人離れの規格外・巨
人「南方熊楠」、詩人で童話作家、法華経の信者でもあり**「あらゆるこ
とを、自分を勘定に入れずに」**という「**利他主義**」の人「宮沢賢治」、
いずれも独自の世界を切り開いた人々である。一見、三者三様で共通点
は全く無さそうに見えるけれど、それぞれの人生の軌跡を辿っていく
と、その思想や生きた環境に違いはあるものの、意外な所で三人が重な
る部分が存在するのである。それは何かといえば、まず「**神社**」であ
り、同時に、その神社を包み込む「**杜（森）の中**」にあると思う。ま
た、ハーンと南方熊楠の二人を比較した場合、民俗学的な分野での関心
事は共通しているし、ボヘミアン的な性格をお互いに共有していると
思う。特に興味深いことは、ハーンは1887〜1889年に西インド諸島の
「マルティニーク島」に滞在している一方、南方熊楠も、2年後（1891
年）に粘菌研究も兼ねて、曲馬団と共にキューバを中心として西インド
諸島に数カ月出かけている。

　小泉八雲や宮沢賢治の作品の一つや二つくらいは、聞いたこともあ
り、読んだことがある方も多いと思うが、南方熊楠については、日本で
活躍する前に英国で有名になった人物であり、知名度は若干低いかもし
れない。英国の科学雑誌 *Nature* は、今でこそ権威ある自然系国際誌と
して有名であり、最近でも「*Stap* 細胞」問題で世間の耳目を集めたが、
明治の頃には、ほとんど「知る人ぞ知る」程度のものであったはずであ
る。南方熊楠の専門は「粘菌」や「地衣類」等の博物学であり、一般の
人には馴染みの薄い分野でもあるので、その当時、南方熊楠が多数の論

195

文を *Nature* に投稿していたにもかかわらず、知っている人は極めて少なかったと思う。夏目漱石が英国に留学するため、明治33年9月8日、横浜港を出て船旅を続けていた丁度その時、南方熊楠は1週間早く9月1日に、リヴァプールから日本への帰国途上であったことは、何かの偶然かもしれないが、非常に興味深い「すれ違い」である。

　話を元に戻せば、神社という「共通項」で、三者を結び付ける理由として、特に「小泉八雲」の場合を見ると、彼がこよなく愛した「杵築（出雲）大社」や「美保神社」、「八重垣神社」、「城山稲荷神社」などが挙げられる。外国人として、初めて「出雲大社」に昇段を許された人物、それが小泉八雲であり、神道を全身で理解した人物でもある。

　南方熊楠の場合、彼の名付け親に相当する海南市の「藤白神社」と田辺市の「闘鶏神社」がある。彼の人生の重要な節目にあたる「結婚」の相手は、闘鶏神社の宮司の四女であったことにもよるが、彼の仕事場は「神社の森」であり、「熊野の森」の中にあったからである。一方、宮沢賢治の場合は、岩手県花巻市の「胡四王山」の頂上にある「胡四王神社」を取り上げたい。中学時代に入院した時の、彼の「淡い初恋」の人に対する思い入れが残っている場所といえば、その神社の森の中なのである。また、彼がこよなく愛した岩手山、その麓「柳沢」にある「岩手山神社」にも注目したい。この神社の鳥居を少なくとも30回は通り抜け、安全祈願のために参拝しているはずだ。岩手山は賢治の友達なのである。小岩井農場も近い。

第六章　小泉八雲・南方熊楠・宮沢賢治と神社

1．小泉八雲における神道と神社

①小泉八雲という人

　小泉八雲（ラフカディオ・ハーン）は、1850（嘉永３）年、ギリシャのイオニア諸島にある「レフカダ島（旧名：レウカディア島）」に生まれた。この島は、ちょうどイタリア半島の長靴の「踵」部分の西側の「イオニア海」にあり、「エーゲ海」とは反対方向で、ギリシャ本土の西側に浮かぶ小島である。「ラフカディオ」という名は、その島に因んだものとされる。６歳の時には両親が離婚し、13歳の時にはスコットランドの神学校で遊戯中に誤って左目を失明している。生来、体は小さく弱視でもあった上、片目を失うという不幸が、彼の人生に大きな傷跡を残したと言われる。窮迫した下積み生活を19歳から24歳まで続けながらも、やがて新聞記者や翻訳業、作家として活躍するようになる。34歳の時、ニューオーリンズでの博覧会で、日本政府派遣の「服部一三」と会って以来、日本に強い関心を持つようになったようである。元来放浪癖があった上、未知の世界を求める好奇心から、各地を旅行し、紀行文や民俗伝承などの紹介記事も書いている。40歳（明治23〈1890〉年）の時に、はるばる日本という国に足を踏み入れたのも、その延長線上にあったのかと思われる。

　その年、東京帝国大学のチェンバレン教授や文部省局長の服部一三氏らの斡旋で、島根県松江中学校の英語教師になり、その翌年、同中学の教頭「西田千太郎」の世話で、「小泉セツ」と結ばれている。この時以後、彼の日本理解は急速に進んでいったと想像される。日本各地を訪ねては、「日本印象記」などをアメリカの雑誌に投稿し、1894年には『知られぬ日本の面影』を出版している。1895年には、日本に帰化し「小泉八雲」と名乗り、「ハーン」から脱皮したのである。家系図（次頁）にあるように、長男の「一雄」以下子宝にも恵まれ、充実した生活を

197

送りながら54歳で亡くなるまでの14年間に、非常に多くの作品を残してくれていることは、我々日本人にとって大変有難いが、日本文化の吸収力は驚異的である。日本の歴史・宗教・政治・風俗・民話など多方面にわたる理解力には脱帽する。

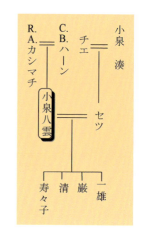

　イギリスの外交官でもあり、日本学者のW.G.アストンの研究書や、同じイギリスの通訳官で、やがて日本研究でも活躍したアーネスト・サトーの神道関係の書籍、更にチェンバレンの英抄訳『古事記』などを読み、予備知識はかなりあったにしろ、短期間で「本居宣長」や「平田篤胤」などの「復古神道」などもよく勉強しているのには驚く。特に、外国人として「出雲大社」に前後3回も昇殿を許され、出雲大社宮司（81代：千家尊紀）とも親しくなり、「神道」を丸ごと肌で吸収したかのようである。ギリシャ人のやさしい母・ローザの感性を具えた、島育ちのハーンにとっては、古代ギリシャの「多神教の世界」とも相通じる世界観が、体の奥深くに、ごく自然に浸透していったのかもしれない。元々、彼自身も、キリスト教のような「一神教」の世界観になじめない部分があったことは確かであり、宗教というより習俗に近いかもしれない「日本教」ともいうべき、独特の多神教の森の中にすっかり嵌まり込んだのではないだろうか。以下に、彼の好んだ3カ所の神社について、簡略に紹介したい。

②出雲大社と小泉八雲

　明治4（1871）年に、現在の社名に改称されるまでは、『延喜式神名帳』では、長く「杵築大社」と記載されていた旧官幣大社である。一般には「イズモタイシャ」と呼ばれているが、正式には「イズモノオオヤシロ」と読むようである。現在の宮司は84代「千家尊祐（たかまさ）」

氏で、小泉八雲が懇意にしていた千家尊紀氏の三代後に当たる人である。平成26年10月には、尊祐氏の長男「国麿」氏と高円宮憲仁親王の次女「典子」姫との結婚式が執り行われたことは、記憶に新しい。当大社の創建は、かなり古い時代に遡ることは確かなようであるが、正確な年代は不明である。『日本書紀』「崇神天皇60年秋7月14日」のくだりに「出雲大神の宮に収めてある神宝を見たい」という文章があり、また「斉明天皇5年」にも「出雲国造に命じて神の宮を修造させた」という記載があるので、少なくともこの年（659年）以前に「出雲大社」が存在していたことは確かなようである。主祭神は「大国主大神」であるが、興味深いのは、本殿内の客坐には「天之御中主神」、「高御産巣日神」、「神産巣日神」、「宇麻志阿斯訶備比古遅神」および「天之常立神」の五柱（別天津神）が祀られていることである。この五柱の神は、本殿と同じく、すべて南向きに配置されているのに対して、「大国主大神」のみが西向きに置かれているのである。参拝者に対しては横を向いていることになるので、我々は何も知らずに「天津神」にご挨拶していることになる。『古事記（上）』の「大国主神の国譲り」の所で、大国主神が答えて曰く「**大空に千木を高々と聳えさせた神殿をお造りいただけるなら、私は遠い幽界（黄泉の国）に隠退しておりましょう**」と述べていることを考慮すれば、西向き（西方浄土の方向）にしてあるのは意味のあることかもしれない。

　大国主神の祭祀者として、出雲国造の祖神とされる「天穂日命（天照大神の第二子）」を任命していることも、「天津神」に屈した大国主神（国津神）の立場がよく理解できると思う。

　平成28年3月に、平成の大遷宮を一応終了した出雲大社は、今後も多くの参拝客で賑わうことは間違いないが、それだけ魅力のあ

る場所である。右の大鳥居をくぐれば、しばらくは堂々とした松並木の参道が続く。小泉八雲が、夜半宿の主人の提灯のおぼろげな明かりを頼りに参道を散歩する様子を『日本瞥見記（上）』に書いているが、曲がりくねった松が竜蛇に似ていると表現しているのは、竜蛇が大国主神の「神使い」であることをすでに知っていたのかもしれない。

　また、大社の背後にある「八雲山」は、その昔「蛇山」とも呼ばれていたのである。拝殿の大きな注連縄自体が、絡み合う2匹の蛇に似ていると思う人もいるかもしれない。大人の大きさと比べても分かるのだが、その注連縄の迫力には圧倒される。

③美保神社と小泉八雲

　島根半島の東端、西の出雲大社とは正反対の位置にあり、現在は鳥取県の境港（さかいみなと）から車で15分くらいのところにある。小泉八雲がはじめて当神社に参拝した頃（明治24年8月末）は、松江から船で行くしかなく、船着場が神社のそばにあり、広い石畳の参道が水際まで続いていたと言うからには、ほとんど海のそばにあったようである。縄文期の頃までは、島根半島は「島」であったものが、宍道湖を取り込む形で半島になったのである。創建に関しては、境内から古墳時代の勾玉の破片などが発見されていることから、少なくとも上記の時代まで遡れる古社であると推測されており、史料上（『出雲国風土記』島根郡美保浜条）では、奈良時代まで遡れることは確かなようである。現在は本殿に向かって右側（左殿）に一の御前として「三穂津姫命」が、向かって左側に二の御前として「事代主神」が祀られている。古くから、美保神社本社の祭神は「三穂津姫命」と「事代主神」の二柱であったようである。ところで、『出雲国風土記』には上記の神々と異なり「御穂須々美命」が記されているが、現在の美保神社の見解によれば、この神は末社の「地主神」に相当するようである。
「事代主神」と「大国主神」が「七福神」の「夷・大黒」に相当すると

第六章　小泉八雲・南方熊楠・宮沢賢治と神社

されているが、「事代主神」は日本固有の「えびす信仰」に属し、大国主神は「ヒンドゥー教由来の大黒天」と習合したとされている。

　左上段に見える、明神式の鳥居をすぎ、石畳の参道を歩いていけば、左手に手水舎があり、更に進めば「神門」が見える。この神門の向こうに、堂々とした拝殿（中段）がどっしりと構えている。この拝殿は、立派な柱と柱の間の壁がなく風通しのよい造りで、その注連縄（右上段）も、かなり大きく、出雲大社と同様、かなりの迫力である。この拝殿の左右の隅には、一対の狛犬が鎮座しているが、小泉八雲は、これを「唐獅子」と呼んでいるのは正しい。拝殿は、かなり大きく、その背後の本殿は、妻入り式「美保造」と呼ばれているが、二棟全体の写真を一枚に収めにくい。最下段の写真は、本殿の右半分を写したものである。注目す

201

べきは、上にある「千木」の形である。千木が水平に切り込まれている。いわゆる「内削ぎ」型になっている。この形式は、一般的には「女神」を象徴するものとされる。千木が縦に切断された形は「外削ぎ」といわれ「男神」を表すものとされる。美保神社の祭祀には、記紀神話の「国譲り」に因んだ「青柴垣（あおふしがき）神事」（４月７日）があり、「事代主神」が国譲りの際に「船を傾けて青柴垣に身を隠した」という伝承に基づいていると言われ、興味深い祭りである。

④八重垣神社と小泉八雲

　当神社は、『延喜式神名帳』にも『出雲国風土記』にも記載されていないが、先の出雲大社に次いで縁結びの神として全国的には有名である。この八重垣神社という名称は、『古事記』の「八俣の大蛇退治」の伝説からでてくる。その話はこうである：素戔嗚尊が出雲国の肥河の上流にある鳥髪という地に降りたとき、箸が流れてきたことがきっかけで、上流で泣いている「大山津見神」の子である老夫婦（脚摩乳と手摩乳）に出会い、事情を尋ねたところ、高志の「八俣の大蛇」に毎年娘が食われており、今年も八番目の娘「稲田姫命」が食われてしまいそうであると訴える……(中略)……。そこで、素戔嗚尊は「大蛇を始末する代わりに娘を嫁に貰う」という条件で、一計を案じて八俣の大蛇を「十拳劔（とつかのつるぎ）」で切り裂き、大蛇の尾から「草那芸之太刀」を引き出すという話である。早速新居の「宮」を造るべく、出雲国の土地の「須賀」の地に到り、「わが心すがすがしい」として詠んだとされる有名な歌がある。

　　“八雲たつ　出雲八重垣　妻隠みに　八重垣作る　その八重垣を”

　もともと、この宮は「須賀」の地に創建されたとされるが、やがて『延喜式神名帳』にも記載されていた「佐草」の地にある「佐久佐神社（祭神：青幡佐久佐日古命）」に遷されたという。その後紆余転変を経て、明治11年に「八重垣神社」に改称されたといわれる。

第六章　小泉八雲・南方熊楠・宮沢賢治と神社

　この神社の主祭神は素戔嗚尊と稲田姫命であるが、大己貴神と青幡佐久佐日古命の他に、末社に脚摩乳と手摩乳も祀られている。神社としては小ぶりではあるが、拝殿（左上）の注連縄などは、前述の出雲大社や美保神社などにも似た雰囲気のある神社である。この神社に行くには、JR松江駅から「八重垣神社」行きのバスがあるので、現在は便利であるが、小泉八雲の時代は、非常に狭い石道もあってなかなか大変な道程であったようだ。拝殿の左側にある宝物殿には、国の重要文化財で、日本最古の壁画とされる「稲田姫命」などの板絵（右上）が保存されているが、室町時代頃の作と推定されている。社殿の左後方に「夫婦杉」が、右後方には、「鏡の池」といわれる湧水池があり、良縁を求める「銭占い」の人気スポットになっている。社務所で授与している占い用紙の上に10円玉か100円玉をのせて水面に浮かべるという簡単な占いである。早く沈めば縁が早く、30分以上かかると縁遠く、自分の近くで沈めば身近な人、遠ければ遠方の人にご縁があるということである。

　ところで、小泉八雲が面白いことを書き残している。この池の近くにある椿の枝に、縁結びの白い紙以外に、恋する人に気持ちを込めて書いた竹札（絵馬？）があることに目を留め、「英語で恋人の名を書いたものがある！」と。それは「*I wish you, Haru*」という文言で、1回でなく5回も書いてあるという。しかも、前置詞が抜けていた。正しくは「*I wish **for** you, Haru*」なのである。神様が苦笑しているにちがいない。

203

2．南方熊楠の世界とその周辺

①南方熊楠という人

　本人が書いた『履歴書』という一種の自叙伝とも言える書物に接すると、その家系も含めて、随分赤裸々な話が紹介されていて大変興味深い。南方家六人兄弟の次男坊として、慶応3（1867）年の4月15日、和歌山市に生まれている。幼少の頃から本が好きで、あちこち書籍を求めては借覧したとある。中でも驚くべきことは、10歳頃から始めた『和漢三才図会』105巻を、3年がかりで筆写し、12歳のときに写し終わったと書いている。実際、紀伊白浜にある「南方熊楠記念館」に展示してある実物に接すると、言葉を失う。難しい漢字交じりの百科事典を、挿絵も含めて克明に写し取っているのである。

　そのほかに、『本草綱目』、『諸国名所図会』や『大和本草』等も書写しているのだ。なんという頭脳なのか。まるで複写機のように書物を丸ごと頭脳に収めているみたいである。

　右下に家系略図を示す。父親が南方家に「婿入り」したのち、色々複雑な経緯はあるものの、後妻として迎えた母親（西村スミ）との間に生まれた三番目の子が熊楠である。明治17年に、旧制一高（大学予備門）に入るも、授業には興味なく、もっぱら近くにある「上野図書館」に通い、思うままに和漢洋の書物を読み漁っていたようで、当然成績は芳しくなく、特に数学が弱

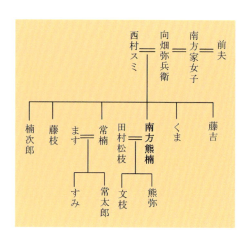

かったようで、２年後には退学している。興味深いことに、一高時代の
同期生には、正岡子規や夏目漱石、山田美妙、秋山真之（兄の秋山好古
と共に日露戦争で活躍、後に海軍中将）等がいる。正岡子規との付き合
いは、色々あったようだが、夏目漱石をはじめとして、その他の人々と
の直接的な接触は見当たらない。

　明治19年の10月、アメリカに遊学してから明治33年に帰国するまで
の約14年間は、短いながら波乱万丈の人生に見える。「型にはまらな
い」というよりも、ある形に押し込めることのできない人間、それが
熊楠なのである。規格外の熊楠を収容する入れ物はないのだ。まずアメ
リカに遊学したのは、自分の居場所を探しに行ったのかもしれない。一
般の家庭に比べて、財政的な裏づけがあったからこそ可能だったとも言
えるが、明治20年の１月にサンフランシスコの商業学校に入学後、８
月にはミシガン州ランシングにある州立農学校に移り、その翌年11月
には退学して、同じ州のデトロイトに近いアナーバーに移るという、目
まぐるしい動きを示している。約３年間は、そこにとどまりながら、大
学には行かず、もっぱら独学で書籍を頼りに植物採集などに専念してお
り、その頃読んだスイスの博物学者ゲスナーの伝記に強い感銘を受けた
という。また、フロリダで地衣類を研究していたカルキンス大佐とも文
通で知り合い、明治24年の５月には、フロリダ州のジャクソンビルに
行き、地衣類や菌類などの採集にあたる。このあたりから、熊楠自身
は、自分の行くべき方向を決めたと思われる。その後、ジャクソンビル
に戻るも、８月にはニューヨークへ、９月にはロンドンに渡っている
が、そこで父の死を知らされることとなる。それ以来、彼の家（弟：
常楠）からの送金も途絶えがちの中、困窮に耐えながら大英博物館で
の補佐的な仕事をこなし、*Nature*（1869年創刊）や人文系総合誌である
Notes and Queries に数多くの論文を発表している。明治33年10月、日
本に帰るまでの６年間は、苦難の中にも**"最も光り輝く日本人"**として
活躍したのである。帰国後も、様々な苦労を重ねながら粘菌類の研究を
続けると共に、多くの民俗学的な論文や著作を発表している。明治38

(1905) 年には、ディキンズとの共訳『方丈記』を発表しており、彼の代表作『十二支考』(1914年) は、特に有名で、その博覧強記ぶりは驚異的でさえある。

　ここでは、まず彼がほとんど孤軍奮闘したとも言うべき「神社合祀反対運動」の顛末について、その実態を検証し、最後に夏目漱石や熊楠自身の訳も含めて、かなり多くの人々が発表している英訳『方丈記』の比較と共に、とりわけ熊楠に関係する主要な神社：「藤白神社」や「闘鶏神社」等にまつわる話を展開していきたい。

②南方熊楠の孤軍奮闘：神社合祀反対運動

　明治39 (1906) 年12月18日に施行された「神社合祀令」は、原則「一町村一社」という画一的なもので、神社の歴史や氏子の意見などに耳を傾けることもなく、機械的で強引なものであった。『延喜式神名帳』などに記載のある官幣や国幣神社などを除いて、格式の低いとされた村社・郷社・無格社などは見るも無残に合祀解体されてしまったのである。

　南方熊楠は、明治33年9月に帰国後、1年ほどは和歌山に住むも、定職を持つことなく、父の遺産の一部で学問に打ち込もうとする熊楠の生き方に反発する弟の常楠との確執もあり、一時「紀伊勝浦」に移り、2年余りの間「隠花植物」などの研究に打ち込んだ後、明治37年10月に田辺に移り永住することとなる。その当時の田辺は、電気も鉄道もない陸の孤島のようなところで、文明開化の波が押し寄せるまでには、かなりの時間を要した。電気が通じたのが明治44年であり、和歌山と田辺が鉄道で結ばれたのは、昭和7年である。開発の遅れていた田辺に、明治政府による近代化という大きな荒波が押し寄せてくるのは時間の問題であったとしても、そのきっかけの一つが「神社合祀令」であったことは、確かである。

　明治元 (1868) 年の「神仏判然例」により「神仏習合廃止」を決定し

第六章　小泉八雲・南方熊楠・宮沢賢治と神社

て以来、その延長線としての国策である「国家神道」を推進する上で「神社合祀令」が出てきたと考えられる。同時に、鉄道建設の進展や製糸工場の進出、並びに燃料としての木材の需要も高まり、森林伐採という機運が一気に噴出したと言える。材木業者や県知事、県会議員および一部の神官の利害も重なって、無格社や村社のほとんどが、強引に合祀され壊滅状態になってしまう。

　この強引な「神社合祀」に対して、最初に反対の姿勢を示したのが、当時の「牟婁新報社」の「毛利清雅」という人物であった。この人の意見に触発され、共鳴した南方熊楠は、その後続々と「牟婁新報社」に投稿して声を大にしたけれど、なかなか世論を動かすまでには至らなかった。その上先祖伝来の「大山神社」（和歌山田辺町）が廃絶されることになり、積もり積もったストレスが頂点に達したのか、明治43年には田辺中学校での夏季講習会場に乱入し、18日間警察の留置場に厄介になるという事件を起こしている。このとき、柳田国男から差し入れられた一冊の本『石神問答』が転機になったのか、その後柳田国男をはじめとする学者諸氏に応援を依頼する書簡などを送るようになる。南方熊楠が急遽書き上げた「南方二書」（神社合祀反対書簡）を柳田国男が製本して各界に送るという友好的な協力は、大きな励みになるとともに、やがて地元の国会議員の「中村敬次郎」が帝国議会を動かすきっかけとなったことは確かであるが、「神社合祀令廃止」が決定されたのは、大正7（1918）年になってからである。

　南方熊楠の奮闘努力は報われたのか？　残念ながら結果は惨憺たるもので、南方熊楠にとっても、到底満足のできるものではなかった。三重県の神社総数6489社のうち残ったのは942社、和歌山県の場合は3713社のうち残ったのは790社で、激減してしまったのである。

　南方熊楠が南方二書で例示している五県（三重、和歌山、愛媛、埼玉、長野）の神社総数と残存神社数及び平成24年度の現神社総数の一覧表（次頁）を見れば、三重県と和歌山県のみが突出して合祀されていることは一目瞭然である。各自治体によって、その合祀意識に差があっ

207

たのは確かであるが、この表には出てこない京都府などでは、10％くらいしか減少していない。これは、格式の高い神社の数が元々多かったためかもしれない。三重県の場合、明治43年と平成24年の神社数を比べてみても、10％程度しか減少していないのに反して、和歌山県の神社数が、大幅に減少しているのは何故だろうか。神社合祀の後遺症なのか。全国的にみても、明治初期には約19万社あった神社が、平成24年度には8.1万社に減ってきているのは、非
常に気がかりなことである。人口減とともに氏子の数も減ってきていることは確かであるが。熊楠の努力で、やっと残った「野中の一方杉」（継桜王子社の参道杉：右上）も、現在7本しか見当たらないのは寂しいかぎり。

	残存神社数 (明治43年)	神社総数 (明治39年)	神社総数 (平成24年)
三重県	942社	6489社	854社
和歌山県	790社	3713社	445社
愛媛県	2027社	5376社	1257社
埼玉県	3508社	7377社	2029社
長野県	3834社	6831社	2468社

但し、この「野中の一方杉」の保存のために和歌山県知事に出した嘆願書の中で、南方熊楠が現在では当たり前のように聞こえるかもしれない「エコロジー」という言葉を、初めて口にしたことを我々は改めて肝に銘じるべきである。これは単なる「環境生態学」という狭い領域にと

第六章　小泉八雲・南方熊楠・宮沢賢治と神社

どまるものではなく、人間の精神や地域社会並びに国全体にも多大な影響を及ぼすという意識のもとに、南方熊楠自身が我々に提示したものと思う。自然と人間を、単なる「共生」としてとらえる以上に、自然循環の底辺を粘菌や微生物などが支えていることを認識させたのが熊楠である。しかし、彼の尽力にもかかわらず神社合祀は強行され、その中で引作神社（三重県阿田和）の大楠や、那智の原生林、神島（かしま）の森などが、何とか保存されたことに感謝したい。

③英訳『方丈記』と南方熊楠

　南方熊楠が英国から帰国する丁度その時、入れ替わりに夏目漱石が英国に向かったことは先に指摘した。英国では「日本の南方熊楠」として、苦労しながらも大いに気を吐いた熊楠とは対照的に、留学したはずの夏目漱石は下宿に閉じこもって書籍と挌闘しており、一時はノイローゼ状態にあったことが指摘されている。南方熊楠を「**陽**」とすれば、夏目漱石は「**陰**」である。この「陰と陽」が、『方丈記』で巡り合っているのが不思議である。大学予備門の時代に、同期の二人が接触した様子は全くないのである。両者と交流があった正岡子規は、誰とでも付き合える社交的な人物に見える。『方丈記』の中で、鴨長明は自らを「蚕の繭」や「ヤドカリ」に例えているが、夏目漱石の性格は鴨長明によく似ているのである。鴨長明は「三界はただ心一つなり」と述懐しているにもかかわらず、日野山の奥の「方丈の家」に身を隠した行為が「三界に家なし」とも矛盾することに気づきながら、まだ「欲界」に漂う己の執着を捨てきれない心境に、漱石自身も自分を重ねているところがある。

　漱石が『方丈記』を英訳したのは、若干25歳の時で、熊楠がディキンズと共に英訳したのが39歳の時である。当然のことながら、円熟した熊楠に軍配を上げざるをえない。漱石は、東京帝国大学教授のディクソンに依頼されて訳したといわれるが、部分的抄訳であり、本格的に翻訳するつもりは無かったのかもしれない。翻訳という作業は、そんなに

209

簡単なことではない。現代文ならいざ知らず、古文を他国語に変換するには、そもそも自国の背景となる、その時代の風俗習慣や言語・宗教なども充分理解した上で、更に他国の言語文化にも熟知し、その違いを認識しながらでも非常に困難な仕事になる。『方丈記』の英訳は、現在までに12種類ほど報告されているが、それぞれの訳者の努力には敬意を表したい。

『方丈記』の原文には、種々の異本が知られている中で、現在我々がよく目にするのは、古本系統の大福光寺本で、この底本が発見され世に出たのは、大正14（1925）年頃とされている。従って、以下に紹介する8種類の英訳『方丈記』のうち、4番目の A. L. Sadler の訳あたりまでは、流布本しか読まれていないはずで、その流布本（嵯峨本）による出だしの文章を、念のため以下に示す。

> 行川の流れは絶ずして、しかも、本の水にあらず。　よどみにうかぶうたかたは、かつ消えかつ結びて、久敷とまる事なし。世の中にある人と住家と、又かくのごとし。（流布本：簗瀬一雄著、「方丈記解釈大成」）

　最初の英訳は、1891年に発表された夏目漱石の抄訳があり、それを参考にした J. M. Dixon の訳（1893年）もあるが、入手できないので、2番目には1899年に発表された W. G. Aston による抄訳、3番目には南方熊楠とディキンズによる1905年の共訳（『南方熊楠全集10』平凡社）を、又4番目として1928年に発表された A. L. Sadler による訳を、5番目としては、1935年に大京堂書店から出された板倉順治の訳、更に6番目には、著名な日本文学者である D. Keene による訳（1955年）と、更に7番目には H. C. McCullough による訳（1990年）、そして最後に1996年に発表された森口靖彦・D. ジェンキンスによる英訳の『方丈記』の冒頭の文章部分をピックアップして、それぞれ読み比べてみた。

(1)夏目漱石 (1891) (漱石全集 第26巻、岩波書店、1996)

Incessant is the change of water where the stream glides on calmly : the spray appears over a cataract, yet vanishes without a moment's delay. Such is the fate of men in the world and of the houses in which they live.

(2) W. G. Aston (1899)

The current of a running stream flows on unceasingly, but the water is not the same : the foam floating on the pool where it lingers, now vanishes and now foams again, but is never lasting. Such are mankind and their habitations.
(A History of Japanese Literature, London William Heinemann, 1899)

(3) 南方熊楠 & F. V. Dickins (1905)

Of the flowing river the flood ever changeth, on the still pool the foam gathering, vanishing, stayeth not. Such too is the lot of men and of the dwellings of men in this world of ours.

(4) A. L. Sadler (1928)

Ceaselessly the river flows, and yet the water is never the same, while in the still pools the shifting foam gathers and is gone, never staying for a moment. Even so is man and his habitation.
(The Ten Foot Square Hut and Tales of the Heike, Tuttle 、1972)

(5) 板倉順治 (大京堂書店、1935)

The river flows incessantly and the water is not the same, but varies every moment. On a pool of the stream the bubbles now vanish from sight, now burst forth. They never remain for long. Men and their habitations suffer the same fate.

(6) D. Keene (1955)

The flow of the river is ceaseless and its water is never the same. The bubbles that float in the pools, now vanishing, now forming, are not of long duration: so in the world are man and his dwellings.
(Anthology of Japanese Literature , Grove Press, 1960)

(7) H. C. McCullough (1990)

The waters of a flowing stream are ever present but never the same; the bubbles in a quiet pool disappear and form but never endure for long. So it is with men and their dwellings in the world.
(Classical Japanese Prose, p379 , Stanford Uniersity Press, 1990)

(8) 森口靖彦 &D. Jenkins (1996)

The flowing river never stops and yet the water never stays the same. Foam floats upon the pools, scattering, reforming, never lingering long. So it is with man and all

(英語で読む方丈記、52頁、2012)

若干25歳の時の漱石の訳は、冒頭部分も含めて、全体的に非常にぎこちなく、硬い感じがする上、鴨長明が「世の不思議」と称する様々な事件（福原遷都、飢餓、疫病、大地震など）を、本質的な事ではないとして、躊躇しつつも省略しているのは理解に苦しむ。これでは、鴨長明の無常観が弱められてしまい、南方熊楠やアストン等の訳と比較してもかなり物足りないところがある。南方熊楠の場合、共訳者のディキンズの存在が大きいと思うが、文語的な表現力に一日の長があり、古典の雰囲気をよく出していると思う。個人的には、アストンの流れるような訳も良い。板倉順治の訳は、説明的すぎて訳文が長い傾向がある。

　ところで、英訳『方丈記』の基礎になっている「流布本（嵯峨本）」と、歴史的に最も古いとされる古本系の「大福光寺本」との間には、一見小さな違いのようでも無視できない、重要なポイントがある。それは「草庵生活の一コマ」にある。英語に訳してしまえば、古本系か流布本系かを区別するのは難しそうではあるが、読み進めていけば、明瞭に区別できる箇所が出てくる。そこで比較のため、両者のその部分を、原文から読み比べてみることにする。

（流布本）

　又、麓に一つの柴の庵あり。則、此山守が居るところ也。かしこに小童あり。　時々来て相とぶらふ。もしつれづれなる時は、是を友としてあそびありく。かれは十六歳、われはむそぢ。其齢事の外なれど、こころを慰むる事、これ同じ。

（大福光寺本）

　又、ふもとに一つの柴の庵あり。すなわち、この山守がをる所なり。かしこに小童あり。時々来りて、あひ訪ふ。もしつれづれなる時は、これを友として遊行す。かれは十歳これは六十。その齢、ことのほかなれど、心をなぐさむること、これ同じ。

　鴨長明の草庵に、時々訪ねてくる「**小童**（こわらは）」に注目したい。流布本（嵯峨本）も大福光寺本も「**小童**」は、共通しているのに、年齢が６歳も違うのである。古本系を書写する際に写し間違えたとしても、文脈から判断できなかったのだろうか。「**小童**」といえば、10歳前後の

第六章　小泉八雲・南方熊楠・宮沢賢治と神社

子供であるはずである。その当時16歳といえば、「元服」の年であり、大人の仲間入りをする年齢でもある。原文に忠実であるのは当然としても、流布本を底本にしている漱石、アストン、熊楠、サドラー、板倉順治及びD．キーンは、「小童」を「boy」とか「son」と訳出している。

　比較のため、大福光寺本を基礎にしている McCullough や森口らの訳をよく見ると、「small boy」、「little boy」に変えているのは、10歳という年齢を考慮すれば当然のことである。純真で素直な10歳頃の少年だからこそ、鴨長明は「心を開いて」付き合えたのではなかろうか。もし16歳の少年だとすると、草庵生活の鴨長明の「心をなぐさむる」ことにはならないはずで、文脈全体を損なうことになる。参考までに「草庵生活」の一部分として、南方熊楠の訳(イ)と森口らの訳を(ロ)比べてみる。

> (イ) At the botom of my hill stands another cabin, made of wattled bush－work. There the hillward dwells. He has a son, a youth who sometimes comes to see me, and we ramble about together. He is 16 and I am 60, yet we enjoy each other's company despite the difference in years.
>
> (ロ) There is a simple hut of brushwood at the foot of the hill where the mountain keeper lives. And there is a little boy who sometimes visits. When all is still I walk with this companion. He is ten, I am sixty, so the difference is great. Yet both delight.

　熊楠の訳は、全体的に雰囲気はよく出ていると思う。森口らの訳は、現代語訳『方丈記』風である。どちらの訳も原文に忠実で、鴨長明と山守の息子が共有している楽しさは描かれていると思う。

　夏目漱石の訳文は、その部分の表現も大幅に簡略化されているのである。この「草庵生活」の英訳は、構文としては特に難しいところはなく、流布本を利用して訳出した人達は、この「小童」と「16歳」との違いについて、読み進んでいく際に「違和感」を覚えなかったのだろうか。特に、日本文学の著名な翻訳家であるD．キーンが『方丈記』を訳出した頃には、すでに大福光寺本が入手できたはずなので、なおさら疑

213

問符がつく。

④藤白神社と南方熊楠

　和歌山県海南市南東部の藤白峠の麓近くに鎮座する当神社の創建は、かなり古く景行天皇5年頃とされ、斉明天皇が牟婁（現在の白浜湯崎温泉）に行幸（斉明天皇4〈658〉年）の際、祠（ほこら）を創建されたと伝える（神社由緒）。主祭神としては、饒速日命（にぎはやひのみこと）以下、配神として天照大神や熊野三山の神々等が祀られている。神亀元（724）年、45代聖武天皇が玉津島行幸の際、天皇の命で僧行基が熊野三山を遥拝し、更に46代孝謙天皇が玉津島行幸の時に「日本霊験根本熊野山若一王子権現社」と号したとされ、以後「藤白王子」あるいは「藤白若一王子権現社」とも呼ばれた。平安～鎌倉時代に熊野行幸が盛んになるにつれ、この地は「熊野の入り口」として栄えた。熊野九十九王子の中でも、五体王子の一つに数えられ、特に朝廷の崇敬も篤く、延喜7（907）年、59代宇多天皇の御幸に始まり、弘安4（1281）年の90代亀山天皇までの374年間に100回もの御幸が行われたという。境内は、緑豊かで鳥居（右下）をくぐれば、少し奥に拝殿が見え、その後ろに江戸時代初期の建築とされる本殿が控えている。拝殿の右側に建てられている「権現堂」には、神仏習合の名残として「本地仏」として、薬師如来、阿弥陀如来、千手観音像が安置されている。

　非常に注目すべきことは、本（拝）殿は、北向きであり、熊野三山を遥拝するように建てられていることである。

　茨城県にある元官幣大社「鹿島神宮」の本殿も北面していることは知られているが、これは北の「蝦夷」に対する「睨み」とされ

第六章　小泉八雲・南方熊楠・宮沢賢治と神社

ている。

　この神社境内には、大楠が5本あり、樹齢1000年を超えるものがある（右下）。境内社である「子守楠神社」には、生まれた子供の名前に「楠」、「藤」、「熊」などを親が祈願してつける風習があり、南方熊楠もその一人で、先に示した系図をみても明らかなように、兄弟姉妹の名は、すべて上記の神社が名づけ親ということになる。また、境内には、「有間皇子神社」も祀られている。

『日本書紀』の「有間皇子の変」によれば、斉明天皇4（658）年の時、蘇我赤兄に謀られ、有間皇子は謀反の罪で捕まり「藤白坂」で殺されたとされる。その時、有

間皇子はわずか19歳であった。16歳年上の従兄弟である「中大兄皇子」の仕組んだ謀略とも言われているように、皇位継承権を持つ皇子は次々と殺されているのである。但し、「有間皇子の悲劇」の物語は、創作されたものとする説も存在する。

⑤闘鶏神社と南方熊楠

　JR紀伊田辺駅前の通りを真っ直ぐ進み、三つ目の信号を左折すれば、やがて闘鶏神社の大きな石造り明神鳥居（次頁上）が見えてくる。社伝によれば、19代允恭天皇8（419）年9月に熊野権現を勧請し「田辺の宮」と称したのが始まりとされる。新熊野十二所権現とか、新熊野鶏合

215

権現とも言われ、熊野参詣の盛んな頃には、その中継地として栄えたようだ。闘鶏神社と改められたのは、明治以降である。鳥居をくぐると、左手に樹齢1200年の見事な大楠（右中央）が目に入る。鳥居の右手前方に進めば、立派な拝殿（右下）が背後の森に抱かれるように建っている。拝殿奥には「伊邪那美命」が祀られており、更にその左右に五つの社殿が並んでいて、「伊邪那岐命」をはじめ、15柱の神々が鎮座している。

現在、この神社の名は「とうけい神社」と呼ばれているが、「とりあわせ神社」とも呼ばれていた。その社名の由来は『源平盛衰記』や『平家物語』に基づくと言われる。即ち、熊野の僧「湛増」（平安末〜鎌倉初期）が、源平のどちらにつくべきか迷った末、神前で赤と白の鶏を戦わせる「とりあわせ」の占い神事を行った結果、白の鶏が勝ったので源氏に味方し、熊野水軍を率いて「壇の浦」に出陣したという伝承がある。実際、この古事にちなんで、闘鶏神社には、湛増と弁慶（湛増の子とされる）の銅像と共に、闘う二羽の鶏の像も置かれている。

　明治39年、40歳になった熊楠は、その年の7月に、親友「喜多幅三

216

郎」の紹介で、この神社の宮司「田村宗造」の四女「松枝」（28歳）と結婚することになる。大酒飲みで周囲からは奇人とも言われた熊楠に、当初は戸惑い、実家に戻ったこともあったとされるが、長男「熊弥」が生まれてからは、お互いに親密度も増したようである。熊楠自身も晩年「**この妻が小生近年足不自由に成りてより、専ら小生の為に菌類を採集し発見する所多し。本邦で婦人の植物発見の最も多きは、この者ならん**」（『南方熊楠全集　巻八』）と褒めているのは、微笑ましい。

　この神社の背後の森は「仮庵（かりお）山」と呼ばれていたが、熊楠自身は「クラガリ山」とよび、「**当田辺の闘鶏権現のクラガリ山の神林またなかなかのものにて、当県で平地にはちょっと見られぬ密林なり**」（『南方二書』324頁）と書いている。亡くなった義父の跡を継いだ神主が、この神社の大樟などを、様々な理屈をつけて切り倒し売却してしまうなど、熊楠の抗議も効果なく、由緒ある神社なので合併は免れたが、神社合祀の影響はここまで大きかったのである。前頁中央の写真で示した大楠は、残された３本のうちの１本である。

3. 宮沢賢治の世界とその周辺

①宮沢賢治という人

　南方熊楠（1867-1941）より29歳年下の宮沢賢治（1896-1933）は、熊楠よりも8年早く他界している。35歳で他界したモーツァルトや南方熊楠とは違い、生前に注目されることはなかったけれど、多くの作品を我々に残してくれた。南方熊楠も宮沢賢治も、経済的には恵まれた家庭環境に育ち、ある意味では「自由奔放」な生活の中で、その才能を育んでいったと言えるかもしれない。但し、南方熊楠の場合は、「親の引力圏外」に飛び出してから二度と両親に会うことなく、国外および国内で規格外の巨人として存在感を発揮したのに対して、宮沢賢治は、父親「政次郎」に対する反発から一旦は家を飛び出したものの、最愛の妹「トシ」の病気のこともあり、やがて花巻に帰る。根底には、長男としての重圧と父親に対する「畏敬の念」が重なり、家族の引力圏内で理想郷としての「イーハトーブ」を中心に、その活躍の場を絞らざるをえなかったと想像する。右図に示す宮沢家の家系図を見て気がつくことは、賢治の両親は、どちらも宮沢家で、賢治の両祖父から数代遡れば、宮沢三四郎にたどり着く。父親の「政次郎」は本家筋で、母親の「イチ」は分家筋なのである。賢治の両親の血縁関係は、さほど近くはなさそうだが、長女のトシも賢治も病弱で短命に終わった原因が遺伝的なものかどうか気になる。次女の「シゲ」、次

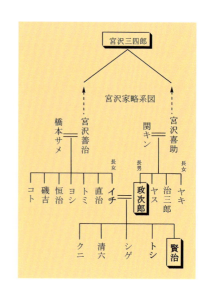

男の「清六」や三女「クニ」はむしろ長命である。

　賢治は、10歳くらいから鉱物や植物、昆虫採集などに熱中したようだが、小学校高学年から中学生くらいの少年には、よく見られる傾向だと思う。但し、14歳の時に「岩手山」に登り始めた頃からの、「鉱物採集」に、特に熱心に取り組む姿は「地質学者」の片鱗が見えるようである。盛岡市郊外にある山々「鬼越山」、「高峰山」、「石ケ森」、「岩手山」などでの「地質調査」的な作品などは、その方面の知識がないと読み解けない部分もあるのである。草野心平宛の手紙にも「自分は、詩歌よりも科学者として勝負したい」というような内容の返事を出しているところをみると、かなりの自信があったように見える。

　賢治の作品には、詩歌や童話の中に、しばしば多様な「科学用語」が散りばめられている。科学者の目と詩人の目、更に仏の目が加わって渾然一体となり、彼独特の宇宙世界を展開している。最終的には、自己の宗教的観念が、科学を押しのけているように見えるが、「菜食主義者」であり、「宗教家」及び「科学者」でもある「詩人」としての目を通して、宮沢賢治の心象風景を足早に概観していきたい。

②宮沢賢治と菜食主義

　賢治の作品の中で、没後に発表された『ビヂテリアン大祭』は、実際に宮沢賢治が日本の代表として、この国際大会に列席したかのような気分にさせられる。他の幻想的童話作品に比べると現実味と臨場感のある大会記録にも見える、妙に引き込まれる作品である。その当時はイギリス領であって、現在はカナダ領のニューファウンドランド島が舞台であり、その島の小さな山村「ヒルティ」で開催されたとある。随分辺鄙な所で開催されたものだと思いながらも、どんどん賢治の術中にはまり込んでいく感じがする。樺太以外には外国に行ったはずはないのに、この大会に参加し活躍している日本代表の賢治が、そこにいる気分になる。但し、島の小さな山村「ヒルティ」で開催されたというのが、妙に引っ

かかる。こんな場所は、実際には存在しないが、賢治の「心象」を推量してみると、これは、『幸福論』を書いたスイスの哲学者：カール・ヒルティ（1833-1909）の名を借用したものではないかと思う。賢治の口癖である「世界がぜんたい幸福にならないうちは個人の幸福はあり得ない」という主張は、賢治の根本思想であり、同様のことが『幸福論』にも書かれている。ヒルティは「同胞の苦悩が自分に何のかかわりもないかのように、同胞から自分だけを切り離して考えることはできない。自分は幸福だから完全に満足だと称しているエゴイストを、簡単には信じない」と述べているのだ。また、ヒルティは『眠られぬ夜のために』という本の中でも「自分自身のためにはなんの願望も持たず、ひたすら正しい道で人を助けるためにのみ生きる幾多の人がいる」とも書いている。賢治自身共鳴するところが多かったのではないか。色々思考をめぐらしているうちに、しばしば興奮して眠られぬ夜を過ごしたのではないかと想像するのである。

　さて、菜食主義者を英語では「vegitarian」と表現するが、この発音を「ベジタリアン」でなく「ビヂテリアン」と表記しているのは、「イーハトーヴォ」訛りかもしれない。『ポラーノ広場』に出てくる「カシオピア」が「カシオペア」でないのと同様に聞こえる。

「vegitarian」という言葉は、1847年の「英国ベジタリアン協会」発足とともに普及していったとされるが、実際は1842年頃からすでに使われていたようである（参考：*The OXFORD ENGLISH DICTIONARY*）。

　現在では、ベジタリアンといっても細かく定義され、植物以外は何も口にしない完全菜食主義者のことは「*Vegan*」といい、乳製品は食べる「*lact-vegitarian*」、卵は食べる「*ovo-vegitarian*」など、かなり細分化されている。賢治の『雨ニモマケズ』を読めばすぐ気がつくことだが、よく知られた文言「一日ニ玄米四合ト味噌ト少シノ野菜ヲ食べ」から判断すると、賢治は「*Vegan*」ということになる。釈迦は肉食を禁じなかったと主張し、肉食を容認すべきとする一仏教徒に対して、賢治らしき人が立ち上がって「五種浄肉は、修業未熟のものにのみ許されることで、仏

第六章　小泉八雲・南方熊楠・宮沢賢治と神社

典にも書いてあるではないか」と反論する。「生物はみな無量の劫の昔から流転に流転を重ねてきた、永い間の親子兄弟であり、我等とこれら一切の生物との境はなく、苦を離れたいと願うのは同じである。仏教の精神は慈悲である。あらゆる生物に対する愛である。どうしてそれを殺して食べることが当然なのか」と。賢治の主張は人類の未来を見すえていると思うのは、遺稿の中に、地元の花巻温泉が会場である「一九三一年度極東ビヂテリアン大会見聞録」というものがあるからである。世界の食料問題を扱う非公開の大会なのだ。現在の世界の状況は、先進国の飽食による余剰廃棄食料問題がある一方、開発途上国では、飢餓に苦しむ人が10億人もいるのだ。

　今のような食事を誰もが追求するなら、2050年までに世界の「水資源」が不足するという報告も出されている。家畜を育てるには、穀類を大量に消費しなければならない。それを人間の食料に振り向ける一方、家畜を育てる草地を穀類用の土地に改良転換する努力も加速しなければならないし、肉食をできるだけ減らす習慣を身につける必要も指摘されている。宿命として、人類は皆ベジタリアンにならざるをえないというのが「賢治の思想」だと思う。

③宮沢賢治と宗教

『雨ニモマケズ』には、もう一つ重要な文言が書かれている。「一日ニ玄米四合ト……」の次の行にある「アラユルコトヲ　ジブンヲカンジョウニ入レズニ」がポイントで、法華経の精神がずばり滲み出ている部分かもしれない。その後に続く「東ニ病気ノコドモアレバ、……」以後の文章も続み進めていけば分かるように、まさに「利他主義」の代弁者である。『銀河鉄道の夜』では、「僕はみんなの幸せのためならば、僕の体がなんべん灼かれてもかまわない」と述べている。

　他の作品などにも「自己犠牲」的な表現がしばしば出てくるが、釈迦の「捨身飼虎」を念頭に置いているのかもしれない。賢治の作品は「法

華文学」といわれているように、『雨ニモマケズ』手帳の最後には、日蓮の曼荼羅図のように中央には「南無妙法蓮華経」という御題目があり、「南無・上行菩薩（日蓮）」がしっかりと書き込まれているところを見ると、心底から日蓮宗信者であったのだと納得する。

　さて、浄土真宗という家庭環境の中で、お経を「子守唄」のように聞きながら育った賢治は、盛岡中学の学生でいた頃までは、父政次郎の主催する浄土真宗系の講習会などにも参加し、『歎異抄』などにも強い影響を受けていたようである。しかし、中学卒業後、高橋勘太郎という父の友人が政次郎に贈った「漢和対照妙法蓮華経」を父に勧められて読んだのがきっかけとなり、深く感動をうけた「法華経」を足がかりとし、やがて「純正日蓮主義」を唱える田中智学（1861〜1939）の思想に傾倒していった（参考：山内修編『宮沢賢治』河出書房新社）。

　日蓮宗は「法華経」そのものを信仰の対象としており、それ以外は認めないという立場を取る。末法の世（日本では1052年以後）を救う唯一の経典が「法華経」であると主張する。

「法華経」は正式には「妙法蓮華経」といわれるが、その五文字自体の中に救済の力があるとし、「南無妙法蓮華経」の題目を唱えることが救いの道（現世利益）であるとする。一方、法然の浄土宗の場合は、浄土三部経（大無量寿経、無量寿経と阿弥陀経）以外の聖典を読誦してはならず、ひたすら極楽浄土の「阿弥陀仏」のみを礼拝し、称名念仏すれば往生できるとする。

　日蓮の活躍した鎌倉時代前期は、天変地異や内戦、疫病、飢饉などの様々な災難が頻繁に起こっており、社会不安が増大した。日蓮は、その原因は浄土宗などの邪教にあるとし、文応元（1260）年には「立正安国論」を北条時頼に献上し、このままでは国が滅びるとし、法華の正道を広めることを提唱している。日蓮宗の特徴は、他宗を誤りとし、徹底的に相手を論破する攻撃的な「折伏」にあるため、当然他宗と激しく衝突している。賢治が、24歳で田中智学の「国柱会」に入会後、政次郎にも改宗を迫るというのは、あまりに性急で強引であり、何故父親を「折

第六章　小泉八雲・南方熊楠・宮沢賢治と神社

伏」しようとしたのだろうか。菜食主義の賢治にとって、浄土真宗が肉食を禁じていないことにも反発はあったと思う。父に反抗してすぐ家出した心境には、賢治の「甘え」が見えるが、上京先でアルバイトをしながら布教活動を始めたことは、宗教という熱病が一時的に賢治の心を完全に支配したかのようだ。礼拝の対象の違う法華経にたいして、政次郎が簡単には応じなかったのは当然ともいえるし、「末法の世の唯一の救いは念仏以外にない」と主張する浄土宗や浄土真宗などの考えを否定する日蓮宗に簡単に改宗できるはずはないが、賢治の死後、政次郎が改宗したとされるのは、息子への「**はなむけ**」と親心の発露だと想像する。

④宮沢賢治と外国語

　賢治の詩や童話などを読み進めていくと、その表現の道具として、しばしば外国語の言葉が顔を出す。主に英語、ドイツ語、エスペラント語が多いが、何語かは不明の言語も出てくる。

　賢治の没後発表された童話『セロ弾きのゴーシュ』の「ゴーシュ (*gauche*)」という言葉は、もとはフランス語であるが、英語の辞書では「気が利かない、不器用な」という意味の形容詞として出ている。また、「バケツがのぼって」という詩（『春と修羅〈第三集〉』）の中に「ゴーシュ四辺形」という表現も出てくるが、主な言語は上記三カ国語である。盛岡高農２年の夏、上京して神田にあるドイツ語学院の夏期講習会などにも参加している。その当時に書いたと思われる短歌に、次のようなものがある。「独乙語の講習会に四日来て又見えざりし支那の学生」とか「霧雨のニコライ堂の屋根ばかりなつかしきものはまたとあらざり」、「するが台雨に錆たるブロンズの円屋根に立つ朝のよろこび」など、神田お茶の水界隈の風景がちらつく人もあるかと思う。これらの歌からも、賢治のまじめさが伝わってくるようだ。

　賢治が、本格的に「エスペラント語」に取り組み始めたのは、30歳（1926年）頃とされている。訪ねてきた友人に対して「**世界の人に解っ**

てもらうようにエスペラントで発表するため、その勉強をしている」と話したという。実際は1922年に書かれたとされる『イーハトーボ農学校の春』という童話があることから判断すると、その頃すでに学習を始めていたのかもしれない（参考：佐藤竜一『世界の作家　宮沢賢治』彩流社）。

　1922〜1923年頃の詩歌などを見てみると、エスペラント語と思われる用語などは見当たらず、もっぱら科学用語を駆使した作品が頻繁に顔を出している。興味深いことに、1924年の『春と修羅（第二集）』の「春」という詩の中に "**Bonan Tagon**"（こんにちは）というエスペラント語が顔を出している。多分この時期から、学習を開始したのではなかろうか。フランス語の「**Bon Jour**」とドイツ語の「**Guten Tag**」を折衷したような言葉である。

　もともと、エスペラント語は、ラテン系の言語を中心に、英語やドイツ語、ポーランド語やロシア語などを参考に合成された人工語であり、印欧語に偏ってはいるが、単語や文法を極めて簡便化した言語で例外をなくしている。例えば、名詞の語尾はすべて「–o（オ）」で終わり、形容詞の語尾には「–a（ア）」、副詞は語尾に「–e（エ）」を付けるなど、例外をなくしており簡単である。

　賢治は『春と修羅（第二集）』の詩375の中では、「理想郷」または「夢の国」を「イーハトーボ」と表現している。一般的には「イーハトーブ」に定着しているようであるが、「岩手県」をエスペラント語風にもじるなら「イーハトーボ（ヴォ）」の方が妥当にみえる。実際、『ポラーノ広場』という童話の中では、「イーハトーヴォ」とし、盛岡市をもじって「モリーノ」、仙台市は「センダード」となっている。「ポラーノ」自体も、エスペラント語を開発した「ザメンホフ」の祖国ポーランドをイメージしていると言えるし、すべて規則に従っている。ところが、「イーハトーブ」は、あちらこちらで様々な表現に変化する。『毒蛾』という童話などでは、「イーハトブ」の首都「マリオ」という表現も出ている。盛岡市の「モリーノ」が「マリオ」に変わるのも、賢治の

気まぐれかもしれない。前に書いたことを失念する可能性は、誰にもありうるので、あれこれ議論しても始まらないかもしれない。

⑤心象スケッチの絵具としての科学用語

宮沢賢治を科学者と考える人がいるが、それは当たらないと思う。科学的知識が豊かで、想像力も表現力も独創的な「詩人」、言い換えれば科学的な目と詩人の目を両方持った人物であることは確かである。前にも指摘したように、草野心平が同人誌に賢治を誘った時、「私は詩人としては自信がありませんが、一個の科学者として認めていただきたいと思います」(参考：宮城一男『宮沢賢治』玉川大学出版部) と述べているのは、草野心平でなくとも、実に不思議な気がする。通常、科学者というものは、自ら観察し発見（発明）した新知見（事項）を具体的で明確な証拠を提示することによって、多くの他の科学者を納得させなければいけない。論文を書くにあたっても、簡潔で正確な表現が要求され、誰が追試しても再現可能なものでなければならない。詩的で幻想的な表現は、文学としては許されるが、それは科学ではなくなるのである。

賢治の作品には、短歌や詩や童話などの中に、自然科学の用語がしばしば散りばめられていることは確かである。彼の作品は理系の知識がなければ理解できないと思う人がいるかもしれないが、それは誤解であり、部分的には意味不明でも、作品全体の感性や雰囲気を味わえれば良いのではないか。

高等学校や大学教養課程で理系の授業や実験を履修した人なら、更に踏み込んだ理解も可能であると思うけれど、賢治の知識は物理、化学、生物、地学の広範囲にまたがっているので、賢治の心象風景を完全に自分のものにするのは、かなり困難な部分があることは認める。

賢治の詩歌の中に出現する「雲」一つをとっても、その表現の仕方は400種類もあると言われる。賢治にとっては、森や林や風、海や山や川、あるいは動物・植物・鉱物などばかりでなく、人間の営みを含むす

べてが心象風景として描写されるべき対象となる。その際の表現手段として、豊富な科学知識を絵具として縦横に使い分けるのが賢治であり、他の詩人の追随を許さないところである。

　盛岡高農時代、専門の農芸化学を学ぶ上で、片山正夫の『化学本論』という教科書は、彼の血となり肉となるべき基礎的な愛読書であった。賢治の作品の中に流れる様々な化学的教養は、心象風景を的確に表現するための栄養となっているのだ。

　そこで、下記上段枠中に表示してある、非常に印象的な詩をまず取り上げ、続けて下記下段枠内に示す『春と修羅』の序文の内容と比較しながら個人的な試論を展開してみたい。

　できるだけ専門用語を避けながら、日常的に我々が経験している事項、即ち、すでに身に付いている知識を前提とするが、最小限、次の三点は頭に入れておく必要がある。

　(1)我々人間や他の動植物や微生物はすべて同じ文法で動いている。(2)生物体の構造と代謝の基本単位は細胞である。(3)生物が、生き続けるためには、外界からエネルギーの材料となるものなどを、絶えず補

黒と白との細胞のあらゆる順列をつくり
それをばその細胞がその細胞自身として感じていて
それが意識の流れであり
その細胞がまた多くの電子系順列からできてるので
畢竟わたくしとはわたくし自身が
わたくしとして感ずる電子系のある系統を云うものである
　　　詩ノート1018「黒と白との細胞のあらゆる順列をつくり」

わたくしという現象は
仮定された有機交流電燈の
ひとつの青い照明です
　（あらゆる透明な幽霊の複合体）
風景やみんなといっしょに
せわしく明滅しながら
いかにもたしかにともりつづける
因果交流電燈の
ひとつの青い照明です
　　　　　　「春と修羅」の序より

給しなければならない。言い換えれば、「生命」とは常に「高いエネルギー状態」を維持しようとする現象であり、「死」とは「エネルギーの低い状態」に落ち込むことを意味し、土や空気の成分に戻る現象なのである。

　我々人間のエネルギー源は「ブドウ糖」である。ブドウ糖はエネルギーの高い物質である。このブドウ糖を空気中の酸素を利用して、最終的にはエネルギーの低い物質である二酸化炭素と水に変換する。しかし、この変化は一挙に起こるのではなく、少しずつ細胞内での多段階反応で起きている。このエネルギーの高い状態と低い状態の落差が生体を動かすエネルギーを生むのである。このプロセスには、あらゆる細胞が関与し情報を交換しあっている。賢治がこの細胞間のやり取りを、「あらゆる細胞が細胞自身で感じて」とか「その細胞がまた多くの電子系順列からできているので」と表現しているのは、生体内の多くの細胞が規則正しく配列している中で、相互に物質や電子を交換しながら、水が「小さい滝」の流れのように落下していく様をイメージすればよい。従って、上に示した『春と修羅』の序の文章の理解も同様であると思う。

「わたくしという現象」という出だしは、本当にすばらしい表現で、仏教徒・賢治そのものではないか。「わたくしという存在」としたら、文章全体は台無しである。先に示した『方丈記』の「よどみに浮かぶうたかたは、かつ消えかつ結びて」と同様、「久しくとどまるためしなし」なのである。たえず明滅しながら暗闇に飛び交う「蛍」の青い光は、一瞬の命の輝きの交流であり、「はかなさ」の中にも「確かに」相手を認識する因果の火花でもあるのだ。

　もう一つ興味深い賢治の文章を紹介したい。それは次頁の枠内に表示してある『注文の多い料理店』の序の部分の文章で、賢治独特の透明感のある比喩的表現である。光合成植物は太陽の光を吸収し、水と二酸化炭素を材料にしてブドウ糖をつくり出す。

　エネルギーの低い状態の水と二酸化炭素をエネルギーの高いブドウ糖

> 氷砂糖をほしいくらいもたないでも、
> きれいにすきとほった風をたべ、
> 桃色のうつくしい朝の日光をのむことができます
> 「注文の多い料理店」の序より

に持ち上げているのだ。最終的には澱粉や蔗糖（砂糖）として蓄えたも
のを、我々は頂戴しているのだ。人間の体液中では、絶えずブドウ糖が
循環しているように、多くの植物では砂糖が流れているのだ。「氷砂糖
をほしいくらいもたないでも」自ら砂糖を供給しているのであるから、
「きれいな風を食べて、日光に当たれば」それだけで充分なのである。

⑥胡四王神社（花巻）と宮沢賢治

　賢治は、盛岡中学卒業後の大正３（1914）年４月に盛岡市の岩手病
院（現在の岩手医科大学付属病院）に鼻の手術のため入院する。術後も
高熱が続いたため、「発疹チフス」の疑いで、更に１カ月入院している。
この時期、家業を継いで欲しい父親と、岩手高農への進学を希望する本
人の葛藤が続いており、心身ともに非常に不安定な時期であった。現在
の付属病院の玄関近くには、次のような歌が、四首表示されている。

　⑴　学校の志望はすてん　木々のみどり　弱きまなこに　しみるころかな

　⑵　ぼろぼろに赤き咽喉して　かなしくも　また病む父と　いさかふことか

　入院中、賢治はこの病院の看護婦に片思いの恋をする。極度の不安の
中で揺れ動く賢治の心に天使が舞い降りたのかもしれない。次の歌に
も、彼のやるせない気持ちが溢れている。

　⑶　今日もまた　この青白き沈黙の波にひたりて　ひとりなやめり

　⑷　十秒の碧きひかりの去りたれば　かなしく　われはまた窓に向く

　この恋は、すぐには冷めない。退院後も悶々とした日々を過ごしたに
違いない。次の二首からは、賢治の思いが深く伝わってくる。一つは、
祭りという喧騒のなかで、もう一つは「胡四王神社」という、普段人気
のない静寂の中に詠んだ歌には、孤独感が滲み出ている。

第六章　小泉八雲・南方熊楠・宮沢賢治と神社

○きみ恋ひて　くもくらき日を　あひつぎて　道化祭りの山車は行きたり

○神楽殿　のぼれば鳥のなきよどみ　いよよに君を　恋ひわたるかも

　賢治の初恋の思いは、すぐには消えず十数年後もその余韻は残っている。そこで、彼の記憶に刻まれた「胡四王神社」を訪ねてみることにした。

　神社の由緒によれば、大同２（807）年に、坂上田村麿が東征の際、当地に宿営し、武運長久、無病息災を祈願するため、自らの兜の中にあった「薬師如来」を祀り創建したとある。

　穂貫氏の時代には「医王山胡四王寺」と称し、南部藩の祈願所として、地域の信仰を集めて繁栄したという。その後、文化15（1818）年に、別当藤原道春が神道祀官となってから、薬師如来を医薬の神・国土開発の神である「大己貴命」と「少彦名命」に変え、村の名に因んで「矢沢神社」と改称したとある。「胡四王神社」に改名したのは、昭和29年の町村合併後である。現在の社殿は、花巻の棟梁・高橋堪次郎の作とされ、慶応３（1867）年に完成したという。

　ところで、「古四王神社」という名称の神社が、新潟・山形・秋田・などの日本海側を中心に十数社散在しており、その歴史はかなり古い。『日本書紀』によると、第10代崇神天皇の時代、四道将軍の一人「大彦命」が北陸・奥羽へ蝦夷平定のため、北門の鎮護に「武甕槌（たけみかづちの）命」を奉祀し、「齶田浦（あぎたのうらの）神」と称したのに始まるとされるが、名称は「巨四王」、「高四王」、「腰王」、「越王」などと種々の表記がある。通常、主祭神は、「大彦命」と「武甕槌命」であるが、賢治の愛した胡四王神社の祭神は異色である。上記の由緒にあるように、当神社の歴史から推量すると日本海側にある古四王神社と比べて、後発の神社と考えられる。

　当神社を参拝するには、「宮沢賢治記念館」の前の自動車道を真っ直ぐ上れば、すぐたどり着くが、社務所のある方が表参道（北参道）である。車なら５分くらいで、徒歩なら30分くらいはかかるかもしれない。まず、石造りの明神鳥居が最初に見え、次に朱色の第二鳥居（次頁右上）が現れる。この鳥居の右側斜面の階段を上り、更に長い階段を

229

上っていけば神社にたどり着く。但し、ほとんど参拝客が訪れないせいか、階段は雑草で覆われ、足場が見にくく歩きにくい所が難点であり、要注意である。また、最近（平成28年6月頃）、この近辺にも熊が出没するということで、この近くを「うろちょろしない」

旨の注意書きが記念館には貼られていた。上記下段に示す写真は、社殿の左側から撮ったもので、大きく写っているのが拝殿、その背後に本殿が控えている。この写真には写っていないが、左側に「神楽殿（舞殿）」がある。この神楽殿は、簡単には上れない構造だが、賽銭箱の置いてある拝殿なら、容易に腰が掛けられる階段があるので一休みできる。

　先に示した歌の中で、神楽殿と表記されているのは、恐らく四文字の拝殿より、五文字の神楽殿の方が語呂も響きもよいので、歌に詠みこんだものと想像する。

　天気がよければ、胡四王山の山頂からは、花巻市内や、遠くに「岩手山」や「姫神山」も見える。ここは、絶景スポットである。賢治記念館を見学後、目の前の坂道を少し上れば、胡四王神社はすぐ目の前なのである。

⑦岩手山神社（滝沢村柳沢）と宮沢賢治

　盛岡中学2年の6月中頃、博物の先生に引率され、植物採集を目的として岩手山に初めて登頂している。前日は「岩手山神社」社務所に到着し、その近くに分宿後、翌日早朝の登山である。その年の9月には、数名で第2回目の岩手山登山をしており、それ以後も数え切れないほど「岩手山登山」を実行しているようで、農学校就職後も生徒を連れて何回も登っている。

　賢治の短編「柳沢」には、「一寸来ない間に社務所の向ひに立派な宿ができた。ランプがきいろにとぼっている。社務所ではもう戸を閉めた」と書いてある。

　さて、信心深い賢治のことであるから、当然神社に参拝して「安全祈願」をしているはずなので、「岩手山神社」とは、どのような神社なのか調べてみることにした。

　盛岡駅から「いわて銀河鉄道」に乗り換え「滝沢駅」で下車後、タクシーで10分ほどのところに神社は鎮座していた。木製の素朴な神明鳥居（左下）と、小さい本殿（右下）があり、鄙びた神社ではあるが、鬱蒼とした森にかこまれた静寂な雰囲気は悪くない。境内には、何の由緒書きも見当たらないが、『神社辞典』（白井永二他編、東京堂出版、1997）によれば、延暦20（801）年に、坂上田村麿が、蝦夷を征伐して、当地に「大穴牟遅命」・「宇迦御魂命」・「倭建命」の三神を勧請

231

し、国土の守護神としたことに始まるとされる。奥宮はもともと岩手山（2041ｍ、岩鷲山・岩手富士ともいう）山頂にあり、神主も常駐していた時期もあったようであるが、現在は跡地が残っているだけである。近世までは、「岩鷲権現」とか「田村権現」、「田村大明神」とも呼ばれていたように、神仏習合の神社である。

　岩手山は、貞享3（1686）年と享保4（1719）年に大爆発した活火山であり、貞享3年の噴火のあとに「岩手山沈静」の祈禱を行い「岩鷲権現」を祀ったとされており、岩手山を霊山とする山岳信仰が、自然に生まれていたものと理解できる。同名の神社は、岩手山を取り囲む周囲に五カ所ある。柳沢口は、昔から主要な登山口となっており、夏場は多くの登山客で賑わう。

　参拝した当日はボランティアの老人が、丁度本殿の階段を修理しているところであった。

　たまたま境内でお会いした宮司の方にお願いした「御朱印」が右に示してある。気さくに、しかも無償で書いていただいた貴重な御朱印である。

　社殿は小さいながらも、この神社独特の雰囲気には、何か心温まるものが感じられた。有名な古社を含めて600社近く参拝した中でも、印象に残る神社の一つである。

第六章　小泉八雲・南方熊楠・宮沢賢治と神社

参考図書

●小泉八雲関連

1）Ｌ．ハーン（柏倉俊三訳）『神国日本 ── 解明への一試論』（平凡社、1976）

2）小泉八雲（平井呈一訳）『日本瞥見記（上）』（恒文社、1975）

3）小泉時『ヘルンと私』（恒文社、1990）

4）小泉八雲（上田和夫訳）『小泉八雲集』（新潮社、2008）

5）池田雅之・高橋一清共編『古事記と小泉八雲』（かまくら春秋社、2013）

6）小泉時・小泉凡共編『文学アルバム・小泉八雲』（恒文社、2000）

7）平川祐弘『小泉八雲とカミガミの世界』（文藝春秋、1988）

●南方熊楠関連

1）『南方熊楠全集　⑽』（平凡社、1955）

2）笠井清『南方熊楠』（吉川弘文館、1978）

3）中瀬喜陽・長谷川興蔵共編『南方熊楠アルバム』（八坂書房、1990）

4）南方熊楠『南方熊楠　履歴書ほか』（日本図書センター、1999）

5）松居竜五編『クマグスの森　南方熊楠の見た宇宙』（新潮社、2010）

6）芳賀直哉『南方熊楠と神社合祀 ── いのちの森を守る闘い ──』（静岡学術出版、2011）

7）伊波美の里『英訳「方丈記」の比較 ── 心情語を中心に ──』（千葉大学文学部日本文化学会紀要、30号１〜17頁、2015）

●宮沢賢治関連

1）宮沢賢治『宮沢賢治全集』（筑摩書房、1983）

2）森荘已池『宮沢賢治の肖像』（津軽書房、1975）

3）宮城一男『宮沢賢治　地学と文学のはざま』（玉川大学出版部、1977）

4）山内修編著『宮沢賢治』（河出書房新社、1996）

5）佐藤竜一『世界の作家　宮沢賢治』（彩流社、2004）

6）見田宗介『宮沢賢治』（岩波書店、1984）

7）鶴田静『ベジタリアン宮沢賢治』（晶文社、1999）

あとがき

　私の父は、若い頃から神道系の団体に所属しながら、日本画の世界、特に版画の絵師として文化財保護のような地味な仕事などもしておりました。まだ私が小学生の頃でしたか、父は毎朝神棚に向かって「オオカミ、オオカミ、ミイズカガヤクトウトシヤ」という言葉を合掌しながら何回も口ずさんでいるのをしばしば耳にしていました。

　小学生の頃ですから、まだ何の意味も分からない年頃ですので「オオカミ、オオカミ」が動物の狼かと一瞬錯覚を起こしたことを記憶しています。後になって、「オオカミ」は「大神」のことであると教えられ納得しましたが、定年後、頭の隅に残っていた昔のもろもろの、非常に小さな記憶の残渣が急に膨らんでしまったのです。

　私が、父とは全く異なる分野の道を志した理由は、家の庭で成長した桃の木がきっかけでした。どういうことかと言いますと、面白半分に庭に撒いた桃の種が、どんどん大きくなり、驚くほどに多くの実をつけたのは良かったのですが、やたらに虫がつき始めて手に負えないということで、父がその木を途中から切断してしまったのでした。若干、悔しい思いはありました。しかし、桜の木と同様、桃の木も切断された切り口から驚くほど多くのゲル状の樹液が滲み出し、やがて固化したのです。子供心に、一体これは何だろうと思い、この樹脂状の物体を剥がして大事に机の中に仕舞いこんだことを覚えています。

　その約20年後、イギリスで桜の木等の樹脂状浸出物（mucilage）の研究で世界的な業績を残されたアスピナール教授のおられたカナダの大学に留学する機会が訪れるとは、今でも不思議なめぐり合わせだと感じています。

　「何だろう、何故だろう」と思っていたことが、人生の前半では自分の道しるべともなり、人生の後半では無意識のうちに父の歩んだ道の一部に迷い込んでしまった感があります。

神社や神道を再学習していく中で、古代イスラエルの神殿の形態や様式と、わが国の神社の鳥居や手水舎、狛犬、賽銭箱、拝殿等々が酷似しているという書物や、神道用語がヘブライ語にも似ているという文献などに接しているうち、偶然にしては、あまりに類似点が多いことに気づいたことが、本書をまとめる動機ともなりました。

　そういう意味で、祭りの掛け声をはじめとして神社、神道、『旧約聖書』と『古事記』や『日本書紀』との類似性、更に『ギリシア神話』等も読み比べながら、さまざまな書物やインターネットの情報などを参考にしつつ、自らの足で落穂拾いのように集めた情報が積もり積もってきたので、この際、自分なりに理解した範囲で区切りを付けることにしました。

　読者の皆さんの興味や関心を引き出せれば幸いですし、間違った浅学の誤解等があれば大いに御指導いただければ、ありがたく拝聴したく存じます。

柿園　聖三（かきぞの　せいぞう）

本名：舟橋弥益男（ふなばし　ますお）。昭和14（1939）年東京生まれ。千葉大学名誉教授（理学部）、専門（糖質化学・天然物化学）。東京工業大学理工学部化学課程卒業（昭和38年）。同大学院理工学研究科博士課程修了（昭和43年）理学博士。

定年後、これまでの専門を離れて、祭りの掛詞の収集や全国の神社参拝を繰り返しつつ、記紀神話・旧約聖書・ヘブライ語・日本の古典などの学習を進めていくうちに、新しい発見に出会う楽しみが増えました。

祭りと神話と社（やしろ）から“聞こえる・見える”

2017年11月15日　初版第1刷発行

著　者　柿園聖三
発行者　中田典昭
発行所　東京図書出版
発売元　株式会社 リフレ出版
　　　　〒113-0021　東京都文京区本駒込3-10-4
　　　　電話（03）3823-9171　FAX 0120-41-8080
印　刷　株式会社 ブレイン

© Seizo Kakizono
ISBN978-4-86641-095-1 C0039
Printed in Japan 2017
日本音楽著作権協会(出)許諾第1708623-701号
落丁・乱丁はお取替えいたします。

ご意見、ご感想をお寄せ下さい。

［宛先］〒113-0021　東京都文京区本駒込3-10-4
　　　　東京図書出版